BEIHEFTE ZUM TÜBINGER ATLAS
DES VORDEREN ORIENTS

herausgegeben im Auftrag des Sonderforschungsbereichs 19 (Orientalistik)
von Wolfgang Röllig

Reihe B
(Geisteswissenschaften)
Nr. 3

Lothar Rother

Gedanken zur Stadtentwicklung in der Çukurova (Türkei)
Von den Anfängen bis zur Mitte des 14. Jahrhunderts

WIESBADEN 1972
DR. LUDWIG REICHERT VERLAG

Gedanken zur Stadtentwicklung
in der Çukurova (Türkei)

Von den Anfängen bis zur Mitte des 14. Jahrhunderts

von

Lothar Rother

WIESBADEN 1972
DR. LUDWIG REICHERT VERLAG

© 1972 Dr. Ludwig Reichert Verlag Wiesbaden

Diese Arbeit ist im Sonderforschungsbereich 19, Orientalistik, Tübingen entstanden und wurde auf seine Veranlassung unter Verwendung der ihm von der Deutschen Forschungsgemeinschaft zur Verfügung gestellten Mittel gedruckt.

Gesamtherstellung: Hessische Druckerei GmbH Darmstadt

Printed in Germany

ISBN 3 920153 17 0

In Kommission bei Otto Harrassowitz Wiesbaden

INHALTSVERZEICHNIS

ABBILDUNGSVERZEICHNIS

Am Schluß des Bandes

I. Einführung

Die Çukurova [1], d. h. die in der Ostecke des mediterranen Kleinasiens gelegene, etwa 2500 km² große Küstenebene zwischen dem Golf von Iskenderun und den Ausläufern des Taurus einerseits, dem Gebiet von Mersin und den Gebirgsketten um Misis andererseits, zählt heute neben den traditionellen Zentren um Istanbul, Ankara und Izmir zu den wichtigsten Aktivräumen der Türkei. Der junge Aufschwung des Baumwoll-, Agrumen- und Gemüseanbaus und die umfangreichen infrastrukturellen Verbesserungen, vor allem aber der rasche wirtschaftliche Aufstieg und das hektische Wachstum der Städte Adana, Mersin und Tarsus haben hier seit dem 2. Weltkrieg einen neuen Schwerpunkt nationaler Entwicklung entstehen lassen, dessen Einfluß schon weit über den Bereich der Provinzen Adana und Içel hinausreicht (vgl. Abb. 1).

Die wichtigste Stadt der Ebene ist die am Seyhan gelegene Großstadt Adana, mit mehr als 300 000 Einwohnern [2] die derzeit viertgrößte Stadt des Landes und der mit Abstand bedeutendste Industrie- und Handelsplatz des türkischen Südens und Südostens. Als Hauptstadt der gleichnamigen Provinz, als Standort zahlreicher Verwaltungseinrichtungen, Versicherungsgesellschaften, Forschungsinstitute und Fachschulen sowie seit neuem einer Universität besitzt die Stadt auch auf administrativem und kulturellem Gebiet überregionale Funktionen. Ihre Lage an der Haupteisenbahnlinie von Anatolien nach Syrien und dem Irak und an der gleichlaufenden Europastraße Nr. 5 sichert ihr ausgezeichnete Fernverbindungen und ein gut ausgebautes Nahverkehrsnetz gewährleistet nicht nur den innerregionalen Güteraustausch, sondern ermöglicht auch die Versorgung eines ausgedehnten, fast ausschließlich agrarisch geprägten Umlandes mit städtischen Diensten. Ein internationalen Ansprüchen genügender Zivilflughafen und der größte NATO-Luftstützpunkt der Türkei unterstreichen noch ihre verkehrsgünstige Situation (vgl. Abb. 2).

Adana ist heute eine Stadt mit ungeheurer Dynamik, deren Physiognomie in voller Auflösung und Umwandlung begriffen ist. Besonders in der engen, noch weitgehend traditionell bestimmten Altstadt prallen die stärksten Gegensätze aufeinander. Modernste Bürohochhäuser und Banken erheben sich hier unmittelbar neben kleinen Moscheen und baufälligen Hanen, mehrstöckige Mietshäuser und

---

[1] Die oft auch Ebene von Kilikien oder Adana-Ebene genannte Çukurova entspricht in etwa der historischen „Kilikia pedias" der Griechen bzw. der „Cilicia campestris" der Römer. Zuweilen wird auch die nordöstlich anschließende Ebene von Ceyhan, die Yukarı Ova, zur Çukurova gerechnet.

[2] Bei der letzten Volkszählung (1965) hatte die Stadt 289 919 E. (Census of Population, 1965).

Hotels neben flachgebauten orientalischen Einfamilienhäusern, neueste Geschäfte mit breiten Schaufensterfronten neben primitiven Verkaufsbuden aus Blech und Holz. Einem großzügig angelegten, von Parks und breiten Grünstreifen durchzogenen Neustadtviertel mit z. T. hypermodernen Villen und Appartementhochhäusern und einigen weniger anspruchsvoll ausgestatteten, aber dennoch ordentlich instand gehaltenen Wohnvierteln schließen sich als Zeichen des überschnellen Städtewachstums allseitig, besonders aber in der Nähe der peripher gelegenen Industriebetriebe, slumartige, aus Lehmziegeln, Holz, Stein oder Blech erbaute Gecekondu-Gebiete an.

Mit etwa 90 000 Einwohnern [3] wesentlich kleiner, aber in ihrer Entwicklung nicht weniger aktiv als Adana ist Mersin, die auf einer flachgeneigten, von 2 bis 30 m ansteigenden Plattform am Meer gelegene Hauptstadt der westlich angrenzenden Provinz Içel (vgl. Abb. 3). Ihr erst zu Beginn der sechziger Jahre fertiggestellter und modernst ausgerüsteter Großhafen vermittelt bei ständig steigenden Umschlagsziffern den Export der vorwiegend agrarischen Produkte der Çukurova und eines weit nach Inneranatolien reichenden Hinterlandes und dient zugleich als wichtiger Importhafen für ausländische Rohstoffe und Fertigwaren. Die größte Erdölraffinerie der Türkei, eine Anzahl weiterer Fabriken und ein neuer 100 000-t-Getreidesilo sind die Hauptbestandteile ihrer stark expandierenden Industrie. Neben den Behörden der Provinzialadministration beherbergt die Stadt die Hauptbüros der Straßen-, Forst- und Touristikverwaltung, die von hier aus mehrere Provinzen betreuen. Als günstig gelegener Ausgangspunkt zu den Badeplätzen und archäologischen Stätten des nach Westen anschließenden Küstenstrichs erfreut sie sich außerdem einer zunehmenden Beliebtheit als Fremdenverkehrsort.

Im Vergleich mit dem in völliger Umwandlung begriffenen Aussehen Adanas ist das Stadtbild von Mersin durch größere Einheitlichkeit geprägt. Als junge, erst 1832 von dem Ägypter Ibrahim Pascha gegründete Stadt nimmt Mersin, dessen Lage inmitten weiter Orangen- und Zitronenhaine am Fuß der schroff aufragenden Taurusberge stets zu den schönsten des östlichen Mittelmeers gerechnet wurde (vgl. z. B. SCHAFFER, 1903, S. 34), eine physiognomische Sonderstellung unter den Çukurovastädten ein. Es gleicht mit seinem geregelt angelegten Straßennetz, seinen weißgetünchten, überwiegend ziegelgedeckten Häusern, den breiten Palmenpromenaden und der flachen Bauweise ganz dem Aussehen südostmediterraner, von abendländischen Einflüssen bestimmter Küstenstädte. Das Industrie- und Hafengebiet im Osten Mersins hat zwar der Stadtsilhouette neue Akzente verliehen, wirkt aber durch seine deutlich abgesetzte Lage nicht störend auf das einheitliche Gesamtbild.

Gegenüber der heutigen Bedeutung von Adana und Mersin ist das am Berdan gelegene, etwa 15 km vom Meer entfernte und nur rund 60 000 Einwohner zählende Tarsus, im Altertum eine blühende Hafen- und Weltstadt vom Range

---

[3]   1965 zählte man in der Stadt 86 692 Einwohner (Census of Population, 1965).

Athens und Alexandrias, deutlich zurückgeblieben (vgl. Abb. 4). Allerdings wird man der heutigen Situation nicht gerecht, wenn man Tarsus als unbedeutenden Ort charakterisiert (vgl. z. B. KRÜGER, 1963, S. 29) oder es als reine Agrarstadt zu klassifizieren versucht (vgl. TÜMERTEKIN, 1966). Trotz ihrer relativ geringen Einwohnerzahl besitzt die Stadt eine bemerkenswerte wirtschaftliche Funktion. Dies kommt sowohl in der Existenz mehrerer großer Textil- und Nahrungsmittelfabriken, einer Weißzementfabrik und eines modernen Textilfarbenwerks zum Ausdruck, als auch in der intensiven städtischen Handelstätigkeit. Von Tarsus aus werden nicht nur die Großstädte Anatoliens mit Frühgemüse und Frühobst versorgt, sondern neuerdings auch Exporte nach Mitteleuropa durchgeführt. Überregionale Bedeutung auf kulturellem Sektor übt das traditionsreiche „Tarsus American College" aus, eine angesehene Internatsschule, in der Schüler aus allen Teilen des Landes unterrichtet werden.

Entsprechend der geringeren wirtschaftlichen Bedeutung hat sich in Tarsus das traditionelle Bild der vorderasiatisch-orientalischen Stadt noch am besten von allen drei Städten erhalten. Die Minarets der Moscheen, die Hane und der lebhafte Bazar, immer noch eines der städtischen Hauptgeschäftszentren, bestimmen ebenso wie die in ihrer überlieferten Bauweise erhaltenen Wohnviertel der Altstadt und das ausgedehnte Gartenviertel noch weitgehend das Aussehen der Stadt. Mit der jungen Wirtschaftsentwicklung haben sich aber auch in Tarsus Veränderungen und Umformungen ergeben, die zur Bildung neuer, modern geprägter Stadtviertel und zur allmählichen Verdrängung des herkömmlichen Formenschatzes im Altstadtbereich führen.

Die Ursachen für die kurz skizzierte Differenzierung im gegenwärtigen Zustand der Çukurovastädte wurden an anderer Stelle herausgearbeitet[4]. Dort konnte anhand einer ausführlichen Analyse der neuzeitlichen Stadtentwicklung seit der Mitte des 14. Jahrhunderts gezeigt werden, daß die derzeitige Rangordnung und Gestalt von Adana, Mersin und Tarsus nur als Ergebnis einer wechselvollen Entwicklung verstanden werden kann, während der die Städte, ähnlich wie jene des Hochlandes (vgl. BARTSCH, 1954), zahlreichen Bedeutungs- und Funktionswandlungen unterworfen waren.

In der vorliegenden Untersuchung gilt es nun, auch die weiter zurückliegenden Entwicklungsphasen zu erörtern, um einerseits zu verdeutlichen, daß mit räumlich-zeitlichen Rückwärtseinschnitten bis zu den Anfängen der Stadtwerdung noch genauere Einsichten in das Gegenwartsgefüge der Städte zu erlangen sind (SCHÖLLER, 1953, S. 169), und um andererseits aufzuzeigen, daß die Genese des Städtewesens in der Çukurova nicht zuletzt infolge des hohen Alters von Adana und Tarsus und ihrer seit Jahrtausenden gewahrten Namenidentität, Lagekonstanz und Siedlungskontinuität als überaus informatives und m. E. repräsenta-

---

[4] Vgl. hierzu ROTHER, 1971.

tives Beispiel für die türkische und vorderasiatische Stadtentwicklung gelten kann [5].

Wie in den anderen potamogenen Gunsträumen Vorderasiens sind die Gründe für das hohe Alter der Städte hier vor allem in den günstigen natürlichen Entstehungs- und Entwicklungsbedingungen menschlicher Siedlung zu suchen.

Die aus den fruchtbaren Alluvionen der Flüsse Ceyhan (Pyramus), Seyhan (Sarus) und Berdan (Kydnos) aufgebaute, allseitig von schützenden Gebirgen eingerahmte und flach zum Meer hin abfallende Tiefebene bot mit ihren ertragreichen, leicht zu bearbeitenden Böden seit jeher einen besonderen Anreiz für eine intensive ackerbauliche Nutzung und bildete somit eine leistungsfähige lokale Ernährungsbasis für das kilikische Städtewesen. Diese Anbaugunst wurde noch gesteigert durch die Zugehörigkeit der Çukurova zum Bereich des winterfeucht-sommertrockenen Mediterranklimas (TROLL-PAFFEN, 1964) [6] und durch die Wirkung der hohen, über 3500 m aufragenden Taurusketten, die einerseits den schädlichen Einfluß der inneranatolischen Luftmassen im Winter weitgehend abhielten und andererseits dafür verantwortlich waren, daß die Flußläufe der Ebene auch während der sommerlichen Trockenperiode niemals ganz versiegten [7].

Noch tiefgreifender als von den natürlichen Gunstfaktoren wurde die Stadtentwicklung aber von den geographischen Lagebeziehungen der Çukurova bestimmt. So waren es im wesentlichen die folgenden vier Lagefaktoren, deren Zusammenspiel Entstehung, Aufstieg, Stillstand und Niedergang des kilikischen Städtewesens beeinflußte:

1. die Lage westlich des „Fruchtbaren Halbmondes", d. h. in der Nähe einer der Geburtsstätten der frühen Menschheitskulturen,

2. die politisch-kulturelle Grenz- und Durchgangslage zwischen den Großräumen Kleinasiens und Arabiens,

3. die Verkehrslage am Südausgang der Kilikischen Pforte, an der einzigen großen Paßstraße über den Taurus und

4. die Lage am Meer.

---

[5] Vgl. hierzu auch die Arbeiten von BARTSCH, 1934/35 u. 1954; MAYER, 1943; STEWIG, 1964; WILHELMY, 1936; WIRTH, 1966 u. a.

[6] In Adana beträgt z. B. die mittlere Jahrestemperatur 18,6° C, der Mittelwert des Niederschlages liegt bei 610,9 mm.

[7] Eine ausführliche Darstellung der natürlichen Voraussetzungen der Stadtentwicklung in der Çukurova ist enthalten in ROTHER, 1971.

Der erstgenannte Lagefaktor macht verständlich, warum die Çukurova zu den ältesten Siedlungsräumen Kleinasiens gehört[8]. Sie war seit dem frühen Neolithikum ununterbrochen besiedelt und besaß spätestens seit hethitischer Zeit ein vollausgebildetes Städtewesen, das in hellenistischer und römischer Epoche eine erste Hochblüte erlebte. Damals waren die Ebene und die angrenzenden Gebiete bedeutend städtereicher als heute.

Aus der Tatsache, daß in der Folgezeit die meisten dieser Orte partiell oder total wüstgefallen sind, und heute nur noch Adana, Mersin und Tarsus städtische Funktionen innehaben, läßt sich auf bedeutende Wandlungen im weiteren Verlauf der Stadtentwicklung schließen. Eine der Aufgaben der Arbeit wird deshalb auch sein, sowohl die Gründe für das Wüstfallen aufzuzeigen, als auch herauszustellen, warum z. B. gerade Adana und Tarsus die Wüstungsperioden des Mittelalters überstehen konnten.

Die politisch-kulturelle Grenzlage zwischen den beiden Großräumen führte dazu, daß der allseitig abgeschlossene Naturraum trotz guter Schutzlage keine eigenständige Entwicklung finden konnte. Die Landschaft ist zu klein, um auf längere Zeit ein selbständiges Staatsgebilde aufnehmen zu können. Sie war ganz von der politischen Situation in den Nachbargebieten abhängig, und nur die Schwäche bzw. das Gleichgewicht der Machtverhältnisse in beiden Großräumen erlaubte zeitweise die Entstehung kleiner Dynastien und Pufferstaaten, z. B. jener der Rubeniden und Ramadaniden (vgl. TAESCHNER, 1960, S. 187). In der Regel war die Çukurova abwechselnd Grenz- und Kernland, d. h. entweder mit dem Norden oder dem Süden verbunden oder aber in einem beide Großräume umfassenden Reich integriert[9].

Wegen ihrer eminenten strategischen Bedeutung als Basis und Ausgangspunkt für Vorstöße nach Inneranatolien oder Syrien war die Ebene immer wieder Fremderoberungen ausgesetzt. Die Grenze der jeweiligen Einflußzonen befand sich abwechselnd auf dem Kamm des Taurus- oder des Amanus-Gebirges. Da aber die trennende Wirkung des Taurus stärker war als jene der südlichen Gebirgszone,

---

[8] Nach BITTEL (1950, S. 19) sind z. B. die ältesten Schichten in Mersin älter als jene in Troja (Troja I) und Alişar. Mit Sicherheit älter sind dagegen die Ausgrabungen am Çatal Hüyük bei Konya, wo „eine mindestens stadtähnliche, wenn auch vielleicht noch nicht wirklich städtische Siedlung" aufgedeckt wurde, deren Gründung nach neueren Datierungen um etwa 6500 v. Chr. anzusetzen ist (BRENDEL, 1970, S. 21).
Die vorläufigen Grabungsergebnisse von MELLAART (vgl. MELLAART, 1967) enthalten eine Fülle interessanter, auch auf die südanatolischen Verhältnisse übertragbarer Erkenntnisse und bestätigen darüber hinaus einmal mehr, daß aufgrund neuerer archäologischer Forschungen die bisherige Ansicht revidiert werden muß, daß sich die menschliche Zivilisation nur im Bereich des engeren „Fruchtbaren Halbmond" entwickelt habe (MELLAART, 1967, Seite 22 f.).

[9] Nur dann war eine ungestörte Entwicklung möglich. So zeugen z. B. die zahlreichen griechischen, römischen, byzantinischen und armenischen Ruinen vom hohen Grade des Wohlstandes, den Kilikien in Zeiten der Ruhe besaß.

war die Çukurova in ihrer Geschichte häufiger mit Syrien als mit dem Inneren Kleinasiens verbunden (PHILIPPSON, 1939, S. 158; HEIDORN, 1932, S. 44) [10].
Zumindest genauso entscheidend für die Stadtentwicklung scheint aber der dritte Faktor gewesen zu sein: die Lage der Çukurova im südöstlichen Winkel der türkischen Mittelmeerküste, am Fuß der wichtigsten Paßstraße über den Taurus und in der Nähe der fast ebenso wichtigen Amanuspässe. Die Streichrichtung der Gebirge und der Verlauf der Küstenlinie lenken allen Verkehr vom Ostende des Mittelmeers auf diese Küstengegend, und auch die aus Inneranatolien kommenden Routen laufen bei Ulukişla zusammen, um nach gemeinsamer Querung des Gebirges und nach Durchschreiten der Kilikischen Pforte in die Ebene hinabzuführen.
Diese Führung der Hauptverkehrslinien verleiht der Çukurova den Charakter einer natürlichen Durchgangslandschaft zwischen Europa — Kleinasien einerseits, den türkischen Südostprovinzen, Syrien und Mesopotamien andererseits. Daß dieser Durchgangscharakter seit jeher gegeben ist, zeigt sich beim Vergleich der ehemaligen Verkehrswege mit jenen der Gegenwart, die fast ausnahmslos denselben Verlauf nehmen wie die z. T. uralten Karawanen- und Heerstraßen, auf denen ungezählte Heere der Eroberer, Kaufleute und Pilger einherzogen (vgl. Abb. 1) [11].
Die Städte Adana, Mersin und Tarsus haben wegen ihrer Paßfußlage am südlichen Gebirgsrand gleichermaßen Anteil an dieser Verkehrsgunst Kilikiens, und die Mittlerfunktion der Çukurova hat sich während ihrer Entwicklung stets auch in vollem Maße auf sie ausgewirkt [12].
Allerdings sei schon hier darauf hingewiesen, daß mit dem häufigen Wandel der allgemeinen politischen und wirtschaftlichen Verhältnisse auch das Verkehrsnetz innerhalb der Ebene mehrfach umorientiert wurde. Die jeweils führende Stadt beherrschte und kontrollierte die Wege und zog das Straßennetz konzentrisch auf sich, was wiederum nicht ohne Wirkung auf die funktionale Bedeutung der übrigen Städte bleiben konnte. In manchen Epochen der Stadtentwicklung war der Bedeutungswandel der Städte geradezu abhängig vom Wandel des interurbanen und interkontinentalen Verkehrsnetzes.

---

[10] Wie sehr der Taurus als Schranke für das Vordringen aus Anatolien her wirkte, zeigt das Beispiel der Osmanen, die jahrhundertelang den ihnen heimatlich anmutenden Innenraum besetzt hielten, ehe sie nach Kilikien hinabstiegen (HEIDORN, 1932, S. 38). „Sie eroberten Konstantinopel und rückten bis Belgrad vor, bevor sie Tarsus einnahmen" (RAMSAY, 1898, S. 265). — Die Folgen dieser Offenheit nach Süden sind nicht nur politischer, sondern auch kultureller Art. Dies läßt sich z. B. noch heute im Stadtbild von Adana und Tarsus nachweisen, das in seinen traditionellen architektonischen Zügen weniger durch osmanische als durch syrisch-arabische Einflüsse und Stilelemente geprägt wird.

[11] Die heutige Europastraße Nr. 5 ist, so betrachtet, nichts anderes als die wiederaufgelebte Fortsetzung der noch bedeutenderen Balkantransversale (vgl. WILHELMY, 1932).

[12] Die Spuren der Durchgängigkeit finden sich sowohl in der Physiognomie, als auch in der bis Ende des 1. Weltkrieges überaus starken und selbst heute z. T. noch erhaltenen ethnischen, religiösen und sprachlichen Durchmischung der Stadtbevölkerung.

Die Verkehrsgunst der Çukurova wurde schließlich noch gesteigert durch den vierten Faktor, die Lage am Meer. Westlich von Mersin erstreckt sich auf hunderte von Kilometern eine hafenfeindliche Küste ohne bequeme Verbindungswege nach dem Inneren Anatoliens. Zwar ist auch die kilikische Flachküste für die Anlage von Häfen nicht sehr günstig. Entscheidend ist aber, daß hier im Bereich der Çukurova geeignete und leistungsfähige Übergänge über das Gebirge existieren, die einem Hafen neben dem an sich schon bedeutenden Produktionsgebiet der Çukurova den Zugang zu einem größeren Hinterland öffnen.

Es ist daher nicht verwunderlich, daß das ebene Kilikien mit Ausnahme kurzer Perioden stets durch regen Seeverkehr mit allen größeren Häfen des Mittelmeers verbunden war.

Es versteht sich von selbst, daß all diese Lagefaktoren mit zu berücksichtigen sein werden, wenn es im folgenden darum geht, jene historisch-geographischen Bedingungen und Formkräfte zu analysieren, die die Gestalt und Struktur der Städte während ihrer Entwicklung bis zum 14. Jahrhundert prägten sowie deren häufige Bedeutungs- und Funktionswandlungen verursachten.

II. Die Siedlungs- und Stadtanfänge in der Çukurova

1. DIE ANFÄNGE DER BESIEDLUNG IN DER ÇUKUROVA

Die Anfänge der Besiedlung in der Çukurova reichen weit in prähistorische Zeit zurück. Die Zeugen dieser ersten Siedlungs- und Kulturschicht, die sogenannten Hüyüks, sind im heutigen Landschaftsbild noch deutlich zu erkennen. Allein in der unteren Ebene, d. h. in der Çukurova i. e. S., sind 33 dieser, auch Tepe (d. h. Hügel) genannten Hüyüks erhalten. Es handelt sich bei ihnen um kahle, isoliert aus der Ebene aufragende, den Tells Syriens und Mesopotamiens vergleichbare Kulturschutthügel wechselnder Größe mit ovalem oder rundem Grundriß. Bei einem unteren Durchmesser von rd. 100—200 m und einem Neigungswinkel von etwa 30° weisen sie durchschnittliche Höhen von 20—25 m auf (BARTSCH, 1934, S. 133; SCHAFFER, 1903, S. 35 u. a.) [13]. Siedlungsgeographisch sind die Hüyüks als Wüstungen aufzufassen. Ihre Lage und Verbreitung läßt eine Reihe von Eigentümlichkeiten erkennen (vgl. Abb. 9).

Zunächst fällt auf, daß viele von ihnen im siedlungsgünstigen nördlichen Teil der Ebene, meist nur wenige Kilometer unterhalb des Anstiegs zum Hügelland und entlang des Hauptverkehrswegs zwischen Anatolien und Syrien konzentriert sind.

Eine zweite Gruppe ist in der Nähe der großen Flüsse angeordnet [14], allerdings nicht, wie BARTSCH (1952, S. 131) vermutete, in deren sumpfigen Talauen, sondern auf den erhöhten Dammufern der Flüsse [15].

Weiterhin ist zu bemerken, daß die Hüyüks mit wenigen Ausnahmen bei Kozan, Kadirli und Karatepe das nördliche Hügelland meiden. FORRER (1937, S. 150) hat z. B. im ganzen Gebiet zwischen Seyhan und Kilikischer Pforte nur einen einzigen Hüyük, den heute im Stausee liegenden Velicen-Hüyük gefunden. Dasselbe gilt auch für die Gegend westlich von Mersin, das rauhe Kilikien. Hier enden die Hüyüks bei dem auf den Ruinen der antiken Siedlung Soloi-Pompeiopolis erbauten Dorf Mezitli.

Dagegen reichen sie entlang der Verkehrslinien nach O bis in die Yukarı Ova und noch darüber hinaus.

---

[13] Die von SCHAFFER (1903, S. 35) geäußerte Ansicht, die Hüyüks der Çukurova seien nicht als Stätten einstiger Niederlassungen anzusehen, ist durch die neueren Ausgrabungsergebnisse widerlegt worden.

[14] Vgl. ERINÇ (1952/53), der darauf hingewiesen hat, daß sich aus der Verbreitung der Hüyüks der ehemalige Verlauf der Flüsse rekonstruieren ließe.

[15] Wenn diese Feststellung für die nördlich von Karataş gelegene Gruppe nicht zuzutreffen scheint, so darf nicht übersehen werden, daß der Ceyhan früher bei Karataş ins Meer mündete.

Für die Frage der städtischen Lagekonstanz und Siedlungskontinuität besonders wichtig ist schließlich, daß auch im unmittelbaren Stadtgebiet von Adana, Mersin und Tarsus Hüyüks anzutreffen sind.

Die so umrissenen Lagebeziehungen zeugen vom großen Verständnis, das die ersten Siedler bei der Standortwahl ihrer Wohnplätze bewiesen haben. Letztere besitzen alle Eigenschaften, die BITTEL (1950, S. 16) als charakteristisch für die Anlage prähistorischer Siedlungen bezeichnete. Sie haben Zugang zum Wasser, zu natürlichen Verbindungslinien und guten Acker- und Weidegründen, und aus der Tatsache, daß schon bei der ersten Landnahme alle natürlichen Gunstfaktoren berücksichtigt und alle Schlüsselstellungen der Landschaft besetzt worden sind, ist es verständlich, daß einige dieser Plätze immer wieder neubesiedelt wurden und bis heute bestehen.

Eine exaktere Datierung der Siedlungsanfänge ist erst seit der archäologischen Erforschung einiger Hüyüks möglich. So haben z. B. die Ausgrabungen GARSTANGS (1953) an dem im Stadtgebiet von Mersin gelegenen Yümük Tepe ergeben, daß dieser bei einer absoluten Höhe von 25 m aus mehr als 20 verschiedenen, übereinanderliegenden Siedlungsschichten aufgebaut ist, deren älteste bis ins frühe Neolithikum zurückreichen (vgl. Foto 1).

Auf Grund zahlreicher Funde läßt sich einiges über Aussehen und Funktion dieser ersten Siedlungen aussagen. Als sicher kann gelten, daß die Bewohner der ursprünglich nicht sehr großen, unbefestigten Dörfer einen nicht unerheblichen Regenfeldbau betrieben haben, der, wie die Existenz von Silos zur Getreidelagerung zu beweisen scheint, auf Vorratswirtschaft ausgerichtet war. Neben dem extensiven, in Form der Feld-Graswirtschaft ausgeübten Ackerbau läßt sich bereits Nutzviehhaltung (Rinder) nachweisen und das Auftreten tönerner Wirteln deutet auf den Beginn der Spinnerei und Weberei hin (GARSTANG, 1953, S. 64 f.).

Besonders bemerkenswert sind aber die durch ihre kaum zu überbietende Feinheit ausgezeichneten Obsidiangeräte und Waffen, die in Mersin gefunden wurden (BITTEL, 1950, S. 21).

Das aus der Gegend von Nevşehir stammende Obsidianmaterial läßt darauf schließen, daß schon in frühester Zeit handelsähnliche Beziehungen zum Hochland bestanden, die, wie GARSTANG vermutet, über die Kilikischen Pässe vermittelt wurden:

„This source would be readily accessible from our site by a track through the pass which later became known as the Cilician Gates." (GARSTANG, 1953, S. 15).

Hatte man bisher den Yümük Tepe, zusammen mit dem als Ausleger von Mersin bezeichneten Çavuşlu Hüyük und dem etwa 100 Meilen östlich davon am Ceyhan gelegenen Yarım Hüyük als älteste Siedlungsplätze betrachtet (GARSTANG, 1953, S. 63), so haben die GOLDMANNschen Untersuchungen am Gözlükule in Tarsus (GOLDMANN, I—III 1950—63) und die vielen Versuchsgrabungen an anderen Kulturschutthügeln (ALTAY, 1965, S. 7), z. B. an dem in der Nähe Mersins lie-

16

genden Tırmıl Tepe, an den östlich von Adana gelegenen Incirlik- und Sirkeli Hüyüks und v. a. an dem heute überbauten Tepebağ Hüyük im Stadtzentrum von Adana die Frage neu aufgeworfen, ob im frühen Neolithikum nicht schon die ganze Çukurova besiedelt war.

Obwohl diese Frage noch nicht endgültig zu beantworten ist, erscheint es nach dem heutigen Forschungsstand als gerechtfertigt, die oben beschriebenen Verhältnisse auf ganz Kilikien zu übertragen, eine Auffassung, die z. B. auch in neueren historischen Atlanten zum Ausdruck gebracht wird (vgl. z. B. Großer Historischer Weltatlas, I, 1963, S. 2).

Als Folgerung ergibt sich daraus die strukturelle Zugehörigkeit der Çukurova zur Zone des frühesten Ackerbaus und zu den Steppengebieten des Fruchtbaren Halbmonds (vgl. Gr. Hist. Weltatlas, I, 1963, Karte S. 2 und Tab. C), zu denen die dörflichen Siedlungen der Ebene spätestens seit dem frühen Neolithikum friedliche kulturelle Beziehungen besaßen.

Daß diese Beziehungen friedlicher Art waren, und daß den ältesten Siedlungen eine Periode längerer ungestörter Entwicklung beschieden war, schließt GARSTANG (1953, S. 27) u. a. aus der monotonen, von keiner gewaltsamen Zerstörung unterbrochenen Abfolge der steinzeitlichen Schichten und aus dem Fehlen einer Befestigung.

Die eminente Bedeutung der geographischen Lage am Verbindungsweg zwischen den Großräumen, v. a. aber die Trennfunktion des Taurus sind schon in dieser ersten Phase deutlich zu erkennen. Wie das übrige SO-Anatolien tendierte Kilikien häufiger nach S als nach N.

2. DIE STADTANFÄNGE IN DER ÇUKUROVA
Die Anfänge der Stadtentwicklung in der Çukurova lassen sich ebenfalls bis ins Neolithikum zurückdatieren. Etwa um die Mitte des 4. Jahrtausends v. Chr. wurde die dörfliche Kultur des frühen Neolithikums durch stadtähnliche Siedlungen abgelöst (vgl. Gr. Hist. Weltatlas, 1963, S. 2; vgl. auch BITTEL, 1955, S. 22).

Auslösendes Moment für diese zumindest in Mersin und Tarsus nachweisbare Umstellung waren einerseits die zunehmende Bedeutung der Verkehrswege über den Taurus, andererseits machtpolitische Änderungen in den angrenzenden Großräumen. Beide Faktoren ließen die Çukurova und deren Siedlungsplätze in den Brennpunkt des Geschehens rücken und bewirkten Änderungen der Siedlungsstruktur, die z. B. in Mersin schon um 3500 v. Chr. zur Befestigung der Siedlung führten (GARSTANG, 1953, S. 101).

BITTEL erblickt in diesem Vorgang die Anfänge der Stadtwerdung des prähistorischen Mersin, denn die jetzt von einer mit Toren versehenen Lehmziegelmauer umschlossene, ungewöhnlich große Siedlung erhob sich nach seiner Meinung weit

über den Umfang eines gewöhnlichen Dorfes und „darf, schon der Ummauerung wegen, die Bezeichnung Stadt beanspruchen" (BITTEL, 1950, S. 22) [16].
Diese Stadtähnlichkeit der Siedlung wird noch unterstrichen durch zwei weitere geographische Merkmale. Zum einen vermutet BITTEL (1950, S. 23) wohl zu Recht, daß solche großen Gemeinwesen wie Mersin die Annahme einer sozialen Schichtung und Differenzierung der Bevölkerung nahelegen, zum anderen war mit der neuen Entwicklung, d. h. besonders mit der zunehmenden Bedeutung der Tauruspässe für den Handelsverkehr, eine Erweiterung der städtischen Funktionen verbunden, von der neben Mersin auch Tarsus betroffen war [17].
Auf Grund ihrer geographisch wichtigen Lage am Fuß der Kilikischen Pforte rückten Mersin und Tarsus in den Rang von Paßfuß- und Ruheorten vor Überschreiten des Gebirges auf. Außerdem fiel ihnen die Funktion bedeutender Handels- und Verkehrsstützpunkte zu.
Eine der Wurzeln für die Entstehung der Städte ist somit deren seit frühester Zeit nachweisbare Handels- und Verkehrsfunktion.
Mit dem Übergang von der sippenmäßigen Gliederung der ackerbautreibenden Bevölkerung zur differenzierten, sozial gegliederten Stadtbevölkerung dürfte sich, wie im übrigen Vorderasien, gleichzeitig eine hierarchische Herrschaftsordnung gebildet haben, die als die zweite Wurzel der Städte bezeichnet werden kann [18].
Besonders die strategische Bedeutung der Çukurova wird dafür verantwortlich gewesen sein, daß die Umstellung vom dörflichen zum städtischen Charakter nicht friedlich vor sich gehen konnte. Jede Großmacht, sei es in Anatolien oder Arabien, mußte bestrebt sein, die Ebene und ihre Städte unter Kontrolle zu bringen. Zahlreiche Brandspuren und das plötzliche, überaus starke Auftreten von Tell Halaf Keramik nach 3500 v. Chr. scheinen dies zu beweisen (BITTEL, 1950, S. 21; GARSTANG, 1953, S. 101). Sie sprechen für eine gewaltsame Eroberung und lassen gleichzeitig die Herkunft der Eroberer aus dem nordsyrisch-obermesopotamischen Raum erkennen.
Überfall und Zerstörung, aber auch sofortiger Wiederaufbau wurden somit in der Folgezeit zu den bestimmenden Merkmalen der frühgeschichtlichen Stadtentwicklung. Welcher der beiden Großräume jeweils dominierte, läßt sich aus den einzelnen Keramikfunden ablesen, die insgesamt drei verschiedenen Kulturen zuzu-

---

[16] Vgl. hierzu BARTSCH, 1934/35, S. 133: „Aus der Umschließung mit einer Mauer sowie aus den Funden erkennt man, daß es sich bei den größeren Hüyüks um befestigte Siedlungen von städtischem Charakter handelt."
[17] Über die Rolle von Adana läßt sich wenig aussagen, da bisher genaue Grabungsergebnisse fehlen.
[18] BLUME: VL-Manuskript 1965/66: Die Entwicklung von Herrschaft und Stadt ist in Vorderasien parallel verlaufen, d. h. die Stadt ist zusammen mit der Herrschaft entstanden.
Nach BOBEK (1959) erklärt sich aus der Verquickung von Herrschaft und Stadt der Rentenkapitalismus, der den Wirtschaftsstil und das Bild der Städte bis in jüngste Vergangenheit geprägt hat.

ordnen sind und abwechselnd das Vorherrschen syrischer, mesopotamischer und anatolischer Einflüsse bezeugen (BITTEL, 1950; GARSTANG, 1953).

An zwei Beispielen sei die Abhängigkeit der Stadtentwicklung von den macht-politischen Verhältnissen jener Zeit näher veranschaulicht. Während z. B. in den frühbronzezeitlichen Siedlungsschichten von Mersin und Tarsus Brand- und Zerstörungsspuren auftreten und in der Folge eine starke Erneuerung südöstlicher Kultureinflüsse festzustellen ist, sind gleichzeitig auf dem Hochplateau, etwa in dem damals bedeutenden Zentrum Kanesch, der Vorläuferin des heutigen Kay-seri (BARTSCH, 1954, S. 257), friedliche Siedlungen assyrischer Händler nachge-wiesen worden.

Die Erklärung dieser Unterschiede scheint nach GARSTANG (1953, S. 210) in der oben erwähnten strategischen Bedeutung der Çukurova zu liegen. Um ihren Händlern den freien und gefahrlosen Zugang zum Hochland zu ebnen, mußten sich die Assyrer der Städte Mersin und Tarsus bemächtigen, da beide den ein-zigen Weg über den Taurus kontrollierten [19].

Ähnliche Gründe mögen um 1600 v. Chr. auch die Hethiter zur Einnahme von Mersin und Tarsus veranlaßt haben. Schon Labarna hatte den Nordeingang der Kilikischen Pforte durch die Eroberung von Tyana und anderer Städte gesichert. Als Mursili I zur Eroberung Syriens und Babylons aufbrach, mußte er zur Siche-rung der einzig gangbaren Passage über den Taurus auch deren südlichen Ausgang und die strategisch und wirtschaftlich gleichermaßen wichtige Ebene in seine Hand bringen.

Das kilikische Städtewesen scheint in der folgenden Periode seiner Zugehörigkeit zum hethitischen Herrschaftsbereich einen ersten Höhepunkt erreicht zu haben (BLUMENTHAL, 1963, S. 82). In nahezu allen Hüyüks der Ebene wurden Sied-lungspuren aus jener Zeit nachgewiesen (FORRER, 1937; BOSSERT, 1942; GAR-STANG, 1953 und 1959; ALTAY, 1965; u. a.). Sie rechtfertigen die Annahme eines vollausgebildeten, weitverzweigten Städtenetzes, das sich wie jenes des Hochlan-des in auffallender Weise mit dem früherer Epochen deckte (BITTEL, 1950, S. 52 f.; BARTSCH, 1954, S. 131) und den Ausgangspunkt für die weitere Stadtentwicklung bildete.

Allerdings blieben die wenigsten der genannten Plätze bis zur Gegenwart kon-tinuierlich besiedelt.

Eine Siedlungskontinuität und Lagekonstanz unter Beibehaltung der Stadtfunk-tion läßt sich nur bei Adana und Tarsus nachweisen (vgl. Abb. 7).

Mersin dagegen, in hethitischer Zeit noch eines der bedeutendsten Zentren der Çukurova (ALTAY, 1965, S. 88), fiel total wüst, um erst im 19. Jahrhundert als Hafenort neu zu erstehen.

---

[19] Vgl. GARSTANG (1953, S. 210): „It seems to me probable that Assyrian allied arms had paved the way for a relatively peaceful entry of their traders on the plateau by previous capture of Tarsus and the Mersin Tepe which guarded the readiest approach to Kanes by the Cilician Gates."

Andere Städte, wie das am Ceyhan gelegene Mopsuestia (das heutige Misis), blieben zwar erhalten, haben aber im Mittelalter ihre ehemaligen Funktionen eingebüßt und sind auf die Stufe unbedeutender Dörfer herabgesunken.

Von der Existenz der im Altertum so bedeutenden Städte Soloi-Pompeiopolis und Magarsus zeugen heute nur noch spärliche Ruinen. Bei Mallos, der einstigen Rivalin von Tarsus, läßt sich nicht einmal mehr der genaue Standort rekonstruieren.

Der Versuch, die heutigen Städtenamen zu deuten und damit die Frage der Namenskontinuität zu klären, führt bei Tarsus und Adana ebenfalls in hethitische Zeit zurück.

Diese, auf neueren Forschungen von BOSSERT (1950), CAMBEL (1962) und BLUMENTHAL (1963) basierende Auffassung läßt alle früher geäußerten Ansichten (vgl. z. B. RUGE, RE 2. R. IV, Sp. 2414 f.; GJERSTAD, 1934, u. a.) hinfällig werden, die die Namensgebung und Gründung der kilikischen Städte mit der griechischen Kolonisation gegen Ende des 2. Jahrtausends bzw. mit der assyrischen Eroberung in der ersten Hälfte des 1. Jahrtausends in Verbindung bringen wollten.

Ausgangspunkt der letztgenannten Erklärungsversuche waren einerseits die besonders aus hellenistisch-römischer Zeit überlieferten Sagen und Legendentraditionen, in denen etwa die Entstehung von Tarsus mit Gestalten der griechischen Mythologie — Perseus, Herakles (vgl. RUGE, RE 2. R. IV, Sp. 2415 f.) bzw. mit der Ansiedlung von Argivern (STRABO, XIV, 5, 12) oder Ioniern (RAMSAY, 1907, S. 69) verknüpft wurde, andererseits das Auftreten der scheinbar griechischen Mopsos-Namen in der lokalen Nomenklatur der Städte Tarsus, Mallos und Mopsuestia (RAMSAY, 1907, S. 117) sowie die Erwähnung des Stadtnamens (Tarzu) in einem Bericht des Sanherib (696 v. Chr.) bzw. in einer Angabe auf dem sog. schwarzen Obelisken Salmanassars III. (859—828 v. Chr.), nach der dieser König im 26. Jahr seiner Regierung die Stadt Tarzi erobert und ihr einen Herrscher gegeben habe (vgl. RUGE, RE 2. R. IV, Sp. 2415 f.) [20].

Gegen diese Erklärungsversuche sprechen zahlreiche Faktoren. So konnte z. B. von BLUMENTHAL (1963, S. 81 ff.) mit geographischen, archäologischen und historisch-politischen Argumenten die Annahme einer griechischen Kolonisation in der wenig griechengünstigen und polisgemäßen kilikischen Küstenebene für die Zeit ihrer Zugehörigkeit zum hethitischen bzw. assyrischen Großreich überzeugend zurückgewiesen werden [21].

BOSSERT und CAMBEL gelang es, durch Auswertung einer am Karatepe aufgefundenen phönikisch-hieroglyphenhethitischen Bilingue, den einheimisch-kleinasiatischen Ursprung des Mopsos-Namens nachzuweisen und damit die schon von

---

[20] Vgl. hierzu die Ausführung über Adana bei ENER, 1961, S. 13 f.
[21] Vgl. BLUMENTHAL, 1963, S. 106: Die östlichste Kolonie (Polis) an der Südküste Kleinasiens war Soloi.

MEYER (II, 1937, Nr. 292 Anm.; vgl. auch BLUMENTHAL, 1963, S. 83) geäußerte Vermutung zu bestätigen, es habe sich bei den oben genannten Sagen um spätere, bewußte Fälschungen hellenisierter Städte gehandelt, die die Existenz des griechischen Elements in möglichst alte Zeit zurückführen wollten [22].

Nach heutiger Auffassung ist der Stadtname von Adana rein hethitischer Herkunft (ENER, 1961, S. 14; CAMBEL, 1962, zit. n. BLUMENTHAL, 1963, S. 83). Er leitet sich von dem in Kilikien lebenden Danuna-Volk, nicht, wie häufig behauptet, von den griechischen Danaern ab.

Einheimischen, d. h. ungriechischen Ursprungs ist nach RAMSAY und CAMBEL auch der Name von Tarsus, der mit großer Wahrscheinlichkeit auf die altanatolische Gottheit Tarku (RAMSAY, 1907, S. 139 ff.) oder Tarhund (CAMBEL, zit. n. ENER, 1961, S. 56) zurückzuführen ist.

Sowohl Adana als auch Tarsus können somit neben Siedlungskontinuität und Lagekonstanz eine Namenskontinuität von mehreren tausend Jahren nachweisen.

Anders sind dagegen die Verhältnisse in Mersin. Sein Name ist jungen Ursprungs. Er entstand erst bei der Neugründung der Stadt im 19. Jahrhundert (1832) und leitet sich entweder von der an dieser Stelle besonders stark verbreiteten Myrten-Vegetation (myrtus — türk.: mersin), oder von einem ehemals an der Küste ansässigen Türkmenenstamm, den „Mersin-oğlu", ab (ALTAY, 1965, S. 86 f.).

---

[22] Vgl. MOSCATI (1962, S. 157): „Ich habe die Danuna wieder aufgerichtet. Ich habe das Gebiet der Ebene von Adana von Osten nach Westen erweitert." (Auszug aus einem Bericht des Königs Azitawanda.)

III. Die Blüte des kilikischen Städtewesens in hellenistisch-römischer Zeit

1. GRUNDZÜGE DER STADTENTWICKLUNG IN HELLENISTISCH-RÖMISCHER ZEIT

Nach dem Niedergang des hethitischen Großreichs begann für Kilikien eine lange Periode der Unruhe und des häufigen Herrschaftswechsels. Gegen Ende des 8. Jahrhunderts v. Chr. wurde die Ebene gewaltsam dem assyrischen Reich angegliedert.

Im 5. Jahrhundert geriet sie in persische Abhängigkeit. In den Auseinandersetzungen der Diadochen nach Alexanders Tod fiel sie an das Reich der Seleukiden.

Im Jahre 64 v. Chr. wurde sie als Provinz Cicilia dem römischen Weltreich angeschlossen und blieb bis zum Einfall der islamisierten Araber im 7. Jahrhundert n. Chr. in west- bzw. oströmischem Besitz.

Auffallend ist, daß im Gegensatz zum übrigen Vorderasien in hellenistischer Zeit keine Städteneugründungen in der Çukurova erfolgten. Dies läßt die Schlußfolgerung zu, daß dort in jener Epoche bereits ein wohlausgebildetes Städtewesen existierte.

Die Bedeutung der Städte kann im 4. und 3. Jahrhundert v. Chr. allerdings nicht sehr groß gewesen sein. Ihre Mittellage im Reich, nahe dem Zentrum der seleukidischen Macht, ließ die Städte relativ unwichtig erscheinen, was nicht zuletzt an der geringen Autonomie abzulesen ist, die sie in jener Epoche besaßen (RAMSAY, 1907, S. 157) [23]. Als jedoch Antiochus d. Gr. 189 v. Chr. Lydien, Phrygien und Lycaonien an Pergamon verlor, der Taurus die Reichsgrenze bildete und Kilikien Grenzland wurde, konnten die Städte großen Nutzen aus der machtpolitischen Randlage ziehen. Ausgestattet mit zahlreichen Privilegien und begünstigt von den seleukidischen Herrschern nahmen sie den Rang wichtiger Garnisonsstädte und Militärstützpunkte zum Schutz des Reiches ein (RAMSAY, 1907, S. 159).

Für die Stadtentwicklung in der Çukurova war aber v. a. die römische Periode von Bedeutung.

Unter den Römern erlebten die Städte eine erste Blüte. Besonders während der Kaiserzeit konnte sich das kilikische Städtewesen zu einer überregionalen Bedeutung aufschwingen, die es in den folgenden Jahrhunderten, d. h. in Zeiten der Stagnation, des Niedergangs und der Siedlungswüstung nicht mehr annähernd erreichen sollte. Erst in der Gegenwart, d. h. nach Gründung der Türkischen Republik im Jahre 1923, schicken sich die verbliebenen Städte an, einen Teil ihrer einstigen Bedeutung zurückzuerobern, und der stürmische Aufschwung seit 1950 markiert eine zweite Blüteperiode in der bisherigen Stadtentwicklung.

---

[23] RAMSAY (1907, S. 159) nennt Cicilia treffend „the helpless slave of the dynasty".

Die hellenistisch-römische Epoche war für Kilikien eine Zeit maximaler Bevölkerungs- und Städtedichte (BELOCH, I 1886, S. 238; RAMSAY, 1903, S. 362) [24]. Allein in der Çukurova i. e. S., in der heute mit Adana, Mersin und Tarsus nur drei städtische Siedlungen liegen, zählte man damals 11 Städte (vgl. Abb. 9).
Ihrer Lage nach konnte man zwei Städtereihen unterscheiden, die sich größtenteils an die prähistorischen Siedlungsplätze anlehnten:

1. eine Städtereihe entlang der Küste,
2. eine Städtereihe entlang der wichtigen Verkehrsstraße von Anatolien nach Syrien.

Am weitesten westlich lag im Bereich des heutigen Dorfes Mezitli die 67 v. Chr. von Pompeius anläßlich seines Sieges über die kilikischen Seeräuber erbaute Hafenstadt Pompeiopolis (DIO CASSIUS, XXXVI, 20 u. a.). Ihre von Tigranes (83 v. Chr.) zerstörte und entvölkerte Vorgängerin Soloi war während der griechischen Kolonisation im 7. Jahrhundert von Lindiern anstelle eines ehemals einheimisch besiedelten Hüyüks gegründet worden (STRABO, XIV, 3,1; 5,1; 5,8).
Heute zeugen nur noch Reste eines Hafens und eines Theaters sowie die letzten Säulen einer Kolonnade von der einst blühenden Stadt (vgl. BLUMENTHAL, 1963, S. 121).
Wenige Kilometer östlich von Soloi-Pompeiopolis lag eine Reihe von Städten, deren Standort heute nicht mehr genau zu rekonstruieren ist.
Dies gilt z. B. sowohl für den zwischen Soloi und Tarsus gelegenen Hafenort Anchiale, nach STRABO (XIV, 5,9) wahrscheinlich eine assyrische Gründung, der zuweilen irrtümlich als Hafen von Tarsus bezeichnet wurde (vgl. z. B. HOMMEL, III 1889, S. 269), als auch für die Stadt Zephyrion. Letztere wird einerseits an der Stelle des heutigen Karaduvar (RAMSAY, 1907, S. 439, Anm. 10), andererseits im Zentrum von Mersin, etwa im Bereich zwischen orthodoxer Kirche, Volkshaus und Vali Konak vermutet (HEBERDEY, 1896, S. 2; ALTAY, 1965, S. 85).
Das prähistorische Mersin am Yümük Tepe wird in der Antike nicht mehr erwähnt. Da die Ausgrabungsergebnisse GARSTANGS (1953) jedoch beweisen, daß die Besiedlung dort weiterhin erhalten blieb, müssen seine städtischen Funktionen von einem günstiger gelegenen Ort, von Zephyrion oder von Soloi-Pompeiopolis übernommen worden sein.
Weniger umstritten ist die Position von Aulai, dem einstigen Hafenort von Tarsus. Obwohl heute keine Baureste mehr existieren, läßt sich diese Stadt nach den Beschreibungen antiker Schriftsteller (z. B. STRABO, XIV, 5,10) und nach neueren Reiseberichten (z. B. KOTSCHY, 1858, S. 29 f.) eindeutig im Gebiet zwischen Karabucak und Aynaz-Sumpf lokalisieren (vgl. auch ENER, 1961, S. 26).
Einige, wenn auch spärliche Ruinen bezeugen die Lage der weiter östlich in der Nähe des heutigen Karataş gelegenen Stadt Magarsus. Dagegen konnte der Standort von Mallos, eines bedeutenden Hafen- und Wallfahrtsorts, dessen Orakel

---

[24] RAMSAY (1903, S. 362): „In time of Strabo ... the plain was one of the most populous, richest and highly cultivated districts known to the ancients."

z. Z. der persischen Satrapen weltberühmt gewesen sein soll (RITTER, II 1859,
S. 116), bisher nicht endgültig ausgemacht werden. Nach neueren Forschungen
dürfte die Stadt entweder bei Kızıltahta oder Akdam gelegen haben (ENER,
1961, S. 28 ff.).
Gesichert ist wiederum die Lage von Aegae, der östlichsten der Küstenstädte.
Ihr Gebiet erstreckte sich in der Nähe des Dorfes Yumurtalık.
Unter den zur zweiten Stadtreihe zählenden Städten Tarsus, Adana, Mopsuestia
und Augusta bereitet nur die Lagebestimmung von Augusta Schwierigkeiten. Ob
diese, erst 20 n. Chr. gegründete Stadt (RAMSAY, 1903, S. 359), deren Lage z. Z.
Ramsays noch unbekannt war, mit der von AKOK (1956 und 1957) bei Kütükler
aufgefundenen Siedlung identisch ist, konnte bis heute noch nicht endgültig geklärt werden. Die Nachforschungen werden v. a. dadurch erschwert, daß die Baureste unter dem Seyhan-Stausee liegen.
Die anderen drei Städte stimmen in ihrer Lage exakt mit der ihrer Vorgänger
und ihrer Nachfolgesiedlungen überein, bedürfen daher keiner besonderen Bestimmung.
Alle genannten Städte hatten, wenn auch in unterschiedlichem Maße, teil an
den natürlichen Gunstfaktoren der Ebene. Jede von ihnen besaß somit zumindest
potentiell die Voraussetzungen, sich zur führenden Stadt Kilikiens aufzuschwin-
gen. Da jedoch in der relativ kleinen Ebene immer nur eine Stadt die Vorrangstellung innehaben konnte, kam es — v. a. zwischen Adana, Tarsus, Mallos und
Mopsuestia — frühzeitig zu Auseinandersetzungen. Die Rivalität im Streben um
die Führung wurde nicht nur zum kennzeichnenden Merkmal der Stadtentwicklung im Altertum, sondern hat sich, besonders nach Hinzukommen von Mersin,
bis in jüngste Vergangenheit als stimulierendes Element erhalten.
Die dominante Stellung in römischer Zeit hatte Tarsus inne. Anhand der historischen Quellen jener Epoche läßt sich dies eindeutig belegen. DIO CHRYSOSTHO-
MUS (XXXIV, 8) nennt Tarsus die „größte unter allen kilikischen Städten und
deren Hauptstadt von Beginn an", und gleichlautende Aussagen finden sich bei
STRABO (XIV, 673, Zit. RUGE, RE 2. R. IV, Sp. 2424), PHILOSTRATUS (I, 1,7),
AMMIANUS MARCELL (XIV, 8, 2—5) u. a.
Vergleicht man die Bedeutung von Tarsus in den ersten nachchristlichen Jahr-
hunderten mit jener in früheren Epochen, so zeigt sich, daß die Vorrangstellung
der Stadt nicht erst in römischer Zeit entstanden ist.
Die Ansicht FORRERS (1937, S. 153), Tarsus sei seit ältesten Zeiten, zumindest
jedoch seit hethitischer Periode, die Hauptstadt der Çukurova gewesen, scheint
zwar noch nicht hinreichend gesichert, besitzt aber einen hohen Grad an Wahr-
scheinlichkeit, da der Gözlükulehüyük in Tarsus „zweifellos der größte von allen
Hüyüks des unteren Kilikien" ist.
Während der assyrischen Periode residierte der von Salmanassar III. eingesetzte
Statthalter in Tarsus (vgl. RUGE, RE 2. R. IV, Sp. 2416).
Als XENOPHON mit den Truppen des Kyros 401 v. Chr. Kilikien durchquerte,
nannte er nach einer begeisternden Schilderung der Ebene (I, 2, 22) Tarsus eine

24

große und reiche Stadt, in der der Palast des Syennesis, d. h. des einheimischen Dynasten, gelegen habe (I, 2, 23), erwähnte aber weder Adana noch Mopsuestia. Bei Alexanders Ankunft in Kilikien (333 v. Chr.) galt Tarsus als „opulentum oppidum" (RUGE, RE 2. R. IV, Sp. 2418). Zur Zeit der strafweisen Eingliederung Kilikiens ins Achämeniden-Reich regierten die persischen Satrapen in dieser Stadt, und unter den seleukidischen Herrschern wurde, v. a. seit Verlust der inneranatolischen Gebiete, keine der kilikischen Städte so großzügig mit Privilegien ausgestattet wie das am weitesten gegen pergamenisches Gebiet vorgeschobene Tarsus.

> „But of all the cities, Tarsus was treated most honourably. It now stands forth as the principal city of the whole country, with the fullest rights of self-government and coinage permitted to any town in the Seleucid Empire" (RAMSAY, 1907, S. 165).

Die Frage nach den Ursachen dieser Vorrangstellung von Tarsus führt zur Erörterung der Faktoren, die seine Überlegenheit begründeten.

An erster Stelle ist hier die natürliche Lagegunst der Stadt am Fuß der Kilikischen Pforte und an einer mit dem Meer verbundenen Lagune zu nennen. Diese natürlichen Voraussetzungen waren allerdings nicht ausreichend. Zumindest Adana und Mallos standen ihm darin kaum nach. Beide Städte waren einander durch gemeinsame Interessen verbunden. Der Grund für ihre natürliche Allianz (RAMSAY, 1903, S. 365) lag sowohl in der gemeinsamen Opposition gegenüber Tarsus, als auch in der Kooperation im Handel mit Inneranatolien. Mallos, ein bedeutender Hafen- und Handelsplatz, konnte seine Funktion nur solange ausüben, wie ihm der durch Adana vermittelte Zugang zur Kilikischen Pforte gewahrt blieb [25].

Die frühe Entwicklung von Tarsus war bestimmt durch den Wettstreit mit diesen zwei Städten (RAMSAY, 1907, S. 103). Erst als es ihm gelang, einerseits in den Besitz der einzigen Wagenstraße nach dem Hochland zu kommen und damit zum natürlichen Ausgangspunkt für die Überschreitung der Kilikischen Pforte zu werden und andererseits die Lagune als Hafen nutzbar zu machen, konnte es seine Rivalen übertreffen. Nicht die natürlichen Bedingungen allein, sondern die Tüchtigkeit seiner Bürger waren somit ausschlaggebend für die funktionale Rolle der Stadt und RAMSAY formuliert treffend:

> „It was the men, that had made the city" (RAMSAY, 1907, S. 115).

Der Zeitpunkt der Fertigstellung der Wagenstraße durch die Kilikische Pforte ist nicht mehr genau zu rekonstruieren (RUGE, RE 2. R. IV, Sp. 2435) [26]. Nach einer Karte von BIRMINGHAM (1961, zit. n. STEWIG, 1968, Blatt XX) führte im

---

[25] Eine ausführliche Darstellung der Auseinandersetzungen zwischen Adana-Mallos und Tarsus ist in RAMSAYS Abhandlung: „Cicilia, Tarsus and the Great Taurus Pass" (1903) enthalten. Allerdings bedürfen manche seiner Thesen und Schlußfolgerungen nach dem Ergebnis neuerer Untersuchungen (z. B. BLUMENTHAL, 1963) einer Revision.

[26] Fragwürdig ist auch die Ansicht RAMSAYS (1907, S. 113), die früheste Straße, ein nicht für Fahrzeuge gangbarer Gebirgspfad, habe von der Kilikischen Pforte direkt nach Adana, nicht nach Tarsus geführt.

8. und 7. vorchristlichen Jahrhundert einer der großen Überlandwege Anatoliens nach Tarsus (vgl. Abb. 5). Es ist allerdings nicht sicher, ob es sich dabei um eine für den Wagenverkehr nutzbare Straße gehandelt hat. Bestimmt ist nur, daß der Straßenbau um 400 v. Chr. bereits abgeschlossen war, denn XENOPHON fand diese Straße schon vor (RAMSAY, 1903, S. 379).

Die von Sardes und Ephesus nach Susa verlaufende „Königsstraße" führte zwar nicht über Tarsus, dafür aber die Hauptverkehrswege in hellenistisch-römischer Zeit (GÖKDOĞAN, 1938, S. 30 ff.) [27].

Für die kilikische Stadtentwicklung ist die handelspolitische und kulturelle Bedeutung der Straße über den Taurus nicht hoch genug einzuschätzen. Als Tarsus im ausgehenden Mittelalter die Funktion als Ausgangspunkt zu den kilikischen Pässen einbüßte, begann der allgemeine Niedergang der Stadt, zumal sie gleichzeitig auch ihre Hafenfunktion verloren hatte.

Wesentlich zum Aufstieg von Tarsus dürfte weiterhin beigetragen haben, daß es frühzeitig die Hauptstadt- und Residenzfunktion erringen und durch kluges Verhalten gegenüber Fremdherrschern bewahren konnte.

Schließlich bleibt zu vermuten, daß die besondere Bevölkerungsstruktur als Stimulans auf die wirtschaftliche Funktion der Stadt gewirkt hat. Während z. B. Adana noch unter den Seleuciden als vorwiegend orientalische Stadt galt, ist in Tarsus spätestens seit dem 5. Jahrhundert v. Chr. ein Nebeneinander griechischer, jüdischer und einheimischer Bevölkerungsgruppen nachzuweisen (RAMSAY, 1907, S. 163 ff.; RUGE, RE 2. R. IV, Sp. 2421).

Das Ergebnis der aufstrebenden Entwicklung von Tarsus läßt sich an der funktionalen Rolle ablesen, die die Stadt in römischer Zeit, d. h. während ihrer größten Blüte einnahm.

Als Kilikien im Jahre 64 v. Chr. dem Römischen Reich eingegliedert wurde, war keine Stadt so sehr zur neuen Provinzhauptstadt berufen wie Tarsus, das als Verwaltungszentrum bereits eine alte Tradition besaß und in der Auseinandersetzung mit seinen Rivalen die wirtschaftliche und kulturelle Vorrangstellung erobert hatte [28].

Die neue Hauptstadt- und Verwaltungsfunktion gab Tarsus die natürliche Vormachtstellung unter den kilikischen Städten. Als Provinzzentrum war es Sitz der römischen Behörden, des Provinziallandtags, des Gerichts und der obersten Tempelaufsicht und herrschte über ein weites Gebiet. Sein Einfluß erstreckte sich nicht nur auf Kilikien, sondern auch auf die Nachbargebiete Isauriens und Lykaoniens.

---

[27] Vgl. Abb. 6.

[28] Während der Bürgerkriegswirren im Anschluß an Caesars Ermordung geriet die Stadt durch ihre Parteinahme für Oktavian und Antonius in Gefahr, ihre Vorrangstellung zu verlieren. Als Tarsus unter Ausnutzung der politischen Situation das den Caesarmördern angeschlossene Adana angriff, wurde es von Cassius mit einer schweren Buße von 1500 Talenten bestraft und nur der Sieg von Philippi bewahrte die Stadt vor einem weiteren Bedeutungsverlust. (Vgl. RAMSAY, 1907, S. 197: „Municipal jealousies and the old rivalry between Tarsus and Adana were thus mixed with the wider politics of the time . . .".)

Da die übrigen Städte zu Opfer und Gericht Tarsus aufsuchen mußten und letzteres mit Nachdruck auf Wahrung dieses Vorrechts bedacht war (RUGE, RE 2. R. IV, Sp. 2428), ergaben sich immer wieder Neid, Mißgunst und Spannungen. Die übrigen kilikischen Städte hatten im 1. Jahrhundert n. Chr., einer allgemeinen Periode rapider Urbanisation (ROSTOVTZEFF, 1926, S. 130), ebenfalls stark an Bedeutung gewonnen, konnten gegenüber Tarsus aber immer nur eine zweitrangige Stellung einnehmen.

„In truth, Tarsus during the first century was the one great city of Cicilia. The others were quite secondary" (RAMSAY, 1907, S. 236).

Die politische Einflußsphäre von Tarsus erfuhr durch Teilung der Provinz Kilikien in eine Cilicia prima und Cilicia secunda gegen Ende des 4. Jahrhunderts eine bedeutende Einschränkung. Ihr Geltungsbereich war dadurch begrenzt auf die untere Ebene und endete im O an der verwaltungsmäßig bereits zur Cilicia secunda gehörenden Stadt Mopsuestia [29].

Auch nach der Provinzaufteilung nahm es jedoch weiterhin die — nun allerdings geschmälerte — Vorrangstellung unter den kilikischen Städten ein, v. a. da sich letztere nicht nur auf den Besitz der Hauptstadtfunktion gründete.

Wie die übrigen Haupt- und Weltstädte jener Epoche besaß es daneben eine Reihe anderer „stadtbildender" Funktionen auf wirtschaftlichem und kulturellem Gebiet, die ihm auch auf diesem Sektor die Führung sicherten. Nach ROSTOVTZEFF (1926) waren jene Städte die reichsten des Kaiserreiches, die über gute Verkehrsverbindungen, einen hochentwickelten Handel und ein blühendes Gewerbeleben verfügten.

„The richest cities of the Empire ... were those that had the most developed commerce and lay near the sea on great trade routes ... Another source of wealth was industry" (ROSTOVTZEFF, 1926, S. 161).

Für Tarsus trafen alle diese Bedingungen zu. Als wichtiger Knotenpunkt der römischen Haupt-, Militär- und Handelsstraßen nach dem O und als Inhaberin eines gut ausgerüsteten, stark frequentierten Hafens unterhielt es intensive Fernhandelsbeziehungen zu Land und See mit allen Teilen des Römischen Reiches (LANGLOIS, 1861, S. 30). Eine lange Erfahrung und Tradition kamen ihm dabei ebenso zugute wie die von Augustus verliehenen Privilegien, z. B. das Recht des zollfreien Export- und Importhandels (DIO CHRYSOSTHOMUS, XXXIV, 8; RAMSAY, 1907, S. 197).

Zwar müssen gleichzeitig auch die anderen Städte eine nicht unbedeutende Handelstätigkeit ausgeübt haben [30], der erste Hafen und die wichtigste Handelsstadt

---

[29] Mit Anazarbus erlangte zum erstenmal in der Stadtentwicklung Kilikiens eine Stadt der „oberen Ebene" eine gewisse überregionale Bedeutung.

[30] Vgl. TAESCHNER (Encyc. de l'Islam, 1960, S. 187) demzufolge auch Adana ein wichtiges Handelszentrum war; LANGLOIS (1855, S. 414) und FORBIGER (II 1877, 288 f.), die Mopsuestia als freie, elegante und reiche Stadt charakterisierten und eine Nachricht bei PLINIUS (I, 1), der Aegae ein nicht ganz unbedeutendes, unter den Römern sehr begünstigtes Städtchen nannte.

in römischer Zeit aber war Tarsus und sein Reichtum wurde in zeitgenössischen Berichten immer wieder besonders hervorgehoben (DIO CHRYSOSTHOMUS, XXXIII, 18; PHILOSTRATUS, I, 1, 7; u. a.).

Eine weitere Quelle des Wohlstandes bildete das städtische Gewerbe. Erwähnt sind in den antiken Quellen v. a. Leinenweber, Tuchscherer und Zeltmacher, Gerber, Zimmerleute und Schmiede[31]. Dies deutet darauf hin, daß man sich vorwiegend mit der Verarbeitung von Textilrohstoffen (Leinen und Wolle), Leder, Holz und Metall beschäftigte. Besonders die Textilmanufaktur muß, ähnlich wie heute, eine führende Stellung eingenommen haben. Die in Kollegien organisierten Leinenweber (DIO CHRYSOSTHOMUS, XXXIV, 21—23; POLAND, 1909, S. 117) von Tarsus bildeten das Proletariat der Stadt. Aus den häufigen Versuchen dieser Bevölkerungsgruppe, eine soziale Revolution herbeizuführen, kann man auf die große Zahl ihrer Mitglieder und damit indirekt auf die große Bedeutung ihres Gewerbezweiges schließen (ROSTOVTZEFF, 1926, S. 519).

Neben der dominierenden wirtschaftlichen Bedeutung von Tarsus ist schließlich noch dessen überragende kulturelle Funktion zu nennen.

Tarsus gehörte während der Kaiserzeit zu den Kulturzentren und Mittelpunkten der Romanisierung im östlichen Mittelmeer (vgl. Hist. Weltatlas, I 1963, S. 36). Das geistige Leben der Stadt stand auf einem hohen Niveau. STRABO (XIV, 5, 13; 5, 14), der eine ganze Reihe von bedeutenden Tarsianer Gelehrten zu nennen wußte, verglich die Stadt mit Athen und Alexandria[32]. Dieser Vergleich erscheint zwar übertrieben (RAMSAY, 1907, S. 232), spiegelt aber doch die damalige Bedeutung der Stadt wider.

Schon seit dem 1. Jahrhundert n. Chr., besonders aber seit der Ausbreitung des Christentums unter den byzantinischen Kaisern, gewann Tarsus, die Geburtsstadt von Paulus, zusätzlich eine wichtige religiöse Funktion. Während in den übrigen Städten Kilikiens Christengemeinden erst ab dem 3. Jahrhundert n. Chr. nachweisbar sind, existierte eine solche in Tarsus schon im ersten nachchristlichen Jahrhundert (STEWIG, 1968, Blatt XXIX; PUTZGER, Hist. Weltatlas, 1965, S. 33). Später nahm die Stadt, die vor der Machtergreifung Konstantins bereits Bischofssitz gewesen war (BECK, 1959, S. 192), den zweiten Platz in der Reihe der großen Metropolen ein, hatte als Sitz eines Erzbischofs sieben weitere Bischofssitze unter ihrer Jurisdiktion (ALIŠAN, 1899, S. 308) und wurde an Bedeutung nur von Antiochia übertroffen. Ihre Bischöfe wurden auf den Konzilen an hervorragender Stelle genannt (BUHL, Enzyk. Islam, IV, 1934, S. 735 f.).

Die Frage nach der Vorrangstellung unter den kilikischen Städten scheint damit hinreichend geklärt zu sein. Trotz eigener Funktionsgewinne konnte sich keine der Städte mit der multifunktionalen Haupt- und Weltstadt Tarsus messen. Die führende Rolle von Tarsus blieb bis ins 7. Jahrhundert gewahrt.

---

[31] Vgl. hierzu die ausführlichen Zitate bei RUGE, RE 2.R.IV, Sp. 2432.
[32] An anderer Stelle (XIV, 5, 15) erwähnt STRABO, Rom sei voll von Gelehrten aus Tarsus und Alexandria gewesen.

2. Die äussere Gestalt der Städte in hellenistisch-römischer Zeit

Die Physiognomie der Städte entsprach in hellenistisch-römischer Zeit weitgehend ihrer funktionalen Bedeutung. Besonders Tarsus muß nach dem Urteil der antiken Autoren das Aussehen einer glänzenden Metropole besessen haben [33]. Öffentliche Sakral- und Profanbauten wie Tempel und Gymnasien, Theater, Stadien, Ringerschulen und ein Hippodrom gehörten ebenso zu den Merkmalen seines Stadtbildes wie Marktplätze, gepflasterte, von Säulenhallen und Läden flankierte Straßen, Bäder, Aquädukte, Brücken und ein sorgfältig ausgebautes System zur Wasserversorgung und Abwasserbeseitigung (Rostovtzeff, 1926, S. 135; Ruge, RE 2. R. IV, Sp. 2436).

Charakteristisch für die Wohnviertel waren, wie in allen sehr volkreichen Städten jener Zeit, mehrstöckige Wohnhäuser (Procopius, V, 5, 14—20; Kirsten, 1961, S. 29). Daneben gab es ein- bis zweistöckige Peristylhäuser (Kirsten, 1961, S. 25) und v. a. in den Vierteln der sozial schlechter gestellten Bevölkerung ganz bescheidene, kleine Behausungen (Goldmann, I, 1950, S. 3).

Obwohl heute nur noch wenige Baureste Zeugnis von der einstigen Größe von Tarsus geben, läßt sich doch einiges über Lage und Ausdehnung dieser Stadt anführen, besonders wenn man hierzu die Beobachtungen und Reiseberichte aus früheren Epochen auswertet (vgl. Abb. 7 und Foto 2).

Gesichert ist, daß die Lage des antiken und des heutigen Stadtgebietes weitgehend übereingestimmt haben muß. Nördlich der Eski Cami sind noch zwei Mauern und der Rest der Kuppel eines etwa 60 m langen und 30 m breiten römischen Bades zu sehen. Am östlichen Hang des Gözlükule wurden gegen Ende des 19. Jahrhunderts Reste eines Gymnasions und eines Stadions gefunden (Langlois, 1861, S. 291 f.).

Goldmann (I, 1950, S. 3) berichtet von Werkstätten und kleinen Wohnhäusern auf dem Hüyük [34], von den Spuren eines Theaters am Nordhang des Gözlükule und von der Entdeckung römischer Mosaiken auf dem Platz des 1948 erbauten Gerichtsgebäudes (Adliye). Nach Altay (1965, S. 97) lag im Bereich zwischen Busgarage und American College das ehemalige Hippodrom. An anderer Stelle

---

[33] Adana wurde, entsprechend seiner geringeren funktionalen Bedeutung weit seltener erwähnt, seine Ausdehnung und sein Stadtbild in hellenistisch-römischer Zeit lassen sich daher noch schwieriger als bei Tarsus rekonstruieren.
An Bauresten aus jener Epoche sind heute nur noch Teile der 310 m langen, ehemals von zwei befestigten Toren flankierten Taş Köprü erhalten. Diese, 384 n. Chr. von dem Baumeister Auxentius errichtete und im 6. Jahrhundert unter Justinian neu instandgesetzte Brücke (Procopius, V, 5, 8—13) diente bis in jüngste Vergangenheit als einzige Passage über den Seyhan (Altay, 1965, S. 17). Mauerreste sind auch in dem über den Fundamenten eines römischen Bades erbauten Irmak Hamam aufzufinden. Der noch von Kinneir (1813, S. 115) am Eingang zum Bazar beobachtete Portikus ist heute verschwunden (Altay, 1965, S. 26). — Zum Aussehen von Mopsuestia und zu den dort verbliebenen Siedlungsresten (darunter die noch gut erhaltene Ceyhan-Brücke) vgl. Ruge, RE XVI, Sp. 249.

[34] Nach Goldmann (ebenda) lag auf dem Gözlukule ein Viertel der ärmeren Bevölkerungsschicht.

der Innenstadt konnten neben weiteren Mosaiken und alten Quadermauern Reste von Aquaedukten [35], Wasserleitungen und Pflasterstraßen ergraben werden, und bei Arbeiten in der Umgebung des Eski Hamam stieß man auf Abflüsse, die zur ehemaligen Cloaca Maxima führten (LANGLOIS, 1861, S. 8 und S. 293 ff.; SCHAFFER, 1903, S. 36; vgl. auch die Ausführungen bei RUGE, RE 2. R. IV, Sp. 2436 ff.). Spuren des geregelten Straßennetzes aus hellenistisch-römischer Zeit sind noch, wie an anderer Stelle zu beweisen sein wird (vgl. ROTHER, 1971), im heutigen Grundriß der Stadt sichtbar.

Die früher angeschnittene Frage, ob auch eine Kongruenz zwischen der Lage des antiken und des heutigen Stadtzentrums besteht, ist auf Grund der insgesamt zu geringen Funde noch nicht endgültig zu beantworten. Zieht man aber in Betracht, daß neben der augenfälligen Massierung der Fundorte im Gebiet zwischen Ulu Cami und Eski Hamam und den zuvor zitierten literarischen Zeugnissen auch eine auffällige Reihung christlicher und islamischer Monumentalbauten beiderseits des Flusses feststellbar ist (vgl. Abb. 7), und bedenkt man weiterhin, daß es gerade in späterer Zeit üblich war, Kirchen und Moscheen mit Vorliebe an der Stelle ehemaliger Tempel und Profanbauten zu errichten, so erscheint der oben vermutete Zusammenhang nicht unglaubwürdig.

Ähnliche Schwierigkeiten ergeben sich, wenn man versucht, die Flächenausdehnung des antiken Tarsus zu rekonstruieren. Zwar kann als sicher gelten, daß die Stadt in römischer Zeit eine Phase stärkster baulicher Expansion durchlaufen hat. Die wenigen, heute noch vorhandenen Siedlungsspuren in den Außenbezirken, so der Dönük Taş genannte Unterbau eines gewaltigen römischen Tempels [36], das ebenfalls aus römischer Zeit stammende Stadttor (Kancık Kapı) am Busbahnhof im W, die zu einer römischen Nekropole gehörenden Gräber im Wasserfall und die nordöstlich davon sichtbaren Überreste eines Aquaedukts, sowie die von Justinian anläßlich der Flußumlenkung erbaute Berdan-Brücke [37], erlauben aber keinen Vergleich mit den heutigen Verhältnissen. Trotz der weitaus größeren Wohndichte in römischer Zeit darf wohl zu Recht vermutet werden, daß das antike Tarsus z. T. ganz beträchtlich über das heutige Stadtgebiet hinausgereicht hat. Besonders nach S in Richtung auf den rd. 6 km entfernten Hafen dehnten sich weite Vorstädte aus (PROCOPIUS, V, 5, 14—20). Als KOTSCHY (1858, S. 29 f.) die Stadt um die Mitte des 19. Jahrhunderts besuchte, konnte er noch im ganzen Raum zwischen der ehemaligen Lagune und der Stadt Spuren alter Besiedlung auffinden (vgl. auch RAMSAY, 1907, S. 110), von denen heute nichts mehr erhalten ist.

---

[35] Das Auftreten von Aquädukten kann als Beweis dafür gelten, daß mit dem raschen Anwachsen der Bevölkerung eine Reorganisation der Wasserversorgung notwendig wurde.

[36] Die Ausmaße dieses ehemals marmorverkleideten Bauwerks betragen 108 × 52 m.

[37] Ähnlich wie in Adana vermittelte diese Brücke bis vor kurzem (1964) den einzigen Übergang über den Fluß.

Zum Schluß sei noch kurz auf Lage und Gestalt des Hafens von Tarsus ver-
wiesen, da dieser eine entscheidende Rolle in der weiteren Entwicklung der Stadt
spielen sollte.

Dieser mit Docks, Kais und Arsenalen ausgerüstete Hafen (RAMSAY, 1907,
S. 109 f.) lag wenige Kilometer südwestlich der Stadt an einer Lagune, die, ge-
speist durch natürliche Quellen (vgl. SAATÇIOĞLU, PAMAY, 1959, S. 439 f.) und
durchflossen vom Kydnos, eine direkte, vom Fluß offengehaltene Verbindung zum
Meer besaß. Das eigentliche Hafengebiet war ursprünglich auf drei Seiten von
den Baulichkeiten der Stadt Aulai umgeben, die in einem sehr engen Verhältnis
zu Tarsus gestanden haben muß und wahrscheinlich nichts anderes als dessen
Hafenvorort war (vgl. z. B. Piräus — Athen).

Die wichtige Rolle, die dieser Hafen im Wirtschaftsleben der Stadt einnahm,
wurde oben dargestellt. Diese Darstellung macht es verständlich, welche verhee-
renden Auswirkungen auf die funktionale Bedeutung von Tarsus eine Maßnahme
gezeitigt hat, die gegen Ende der römischen Epoche auf Veranlassung Justinians
ausgeführt wurde (vgl. PROCOPIUS, V, 5, 14—20).

Im Anschluß an eine furchtbare Überschwemmung, der weite Teile der Stadt
zum Opfer gefallen waren, ließ dieser Kaiser in gutgemeinter Absicht den Kydnos in einem neuen Flußbett östlich an der Stadt vorbeiführen. Die Folge der
Umleitung war eine allmähliche Verlandung und Versumpfung der Lagune, die
nicht nur die lokalen Klima-Verhältnisse rapid verschlechterte und zum verstärk-
ten Aufkommen der Malaria beitrug, sondern im ausgehenden Mittelalter zum
völligen Verlust der Hafenfunktion von Tarsus führte.

IV. Der Funktions- und Gestaltwandel der Städte in arabischer Zeit
(7. bis 10. Jh. n. Chr.)

1. Die Funktionswandlungen der Städte

Die seit dem 7. Jahrhundert beginnenden Auseinandersetzungen zwischen Byzantinern und Arabern hatten eine entscheidende Umgestaltung des kilikischen Städtewesens zur Folge (vgl. Abb. 9).

Die Mittellage zwischen Anatolien und Syrien und die Verkehrsgunst Kilikiens, in Friedenszeiten die Voraussetzung für die blühende Handelsfunktion der Städte, wirkte sich nun sehr nachteilig aus. Kilikien wurde zum Kampffeld, die kleinasiatische Diagonalstraße war zum Aufmarschweg der feindlichen Heere degradiert, und aus der Lage an dieser Straße resultierte eine ständige Gefahr, der sich die Städte nur durch Errichtung starker Befestigungswerke und Garnisonen erwehren konnten (vgl. Altay, 1965, S. 98). Letztere können allerdings nicht sehr wirkungsvoll gewesen sein, denn als die Araber Syrien erobert hatten, ließ Heraklios alle Garnisonen zwischen Alexandrette (dem heutigen Iskenderun) und Tarsus evakuieren (Canard, Encyc. de l'Islam, II 1965, S. 36).

Der Taurus bildete von nun an wieder die Grenze zwischen beiden Großräumen und Kilikien, für mehrere Jahrzehnte Niemandsland, wurde in zahlreichen Kriegszügen verwüstet, seine Bevölkerung dezimiert oder deportiert und seine Städte wiederholt zerstört.

Mit der Ausbreitung des militanten Islams setzte in Kilikien eine erste Epoche der Siedlungswüstung ein [38]. Von den 11 Städten aus hellenistisch-römischer Zeit gelang es nur Tarsus, Adana und Mopsuestia, ihre einstige Bedeutung wenigstens annähernd zu erhalten [39]. Da die Omaiyaden und Abbassiden die Gunst der militärisch-strategischen Lage Kilikiens für die Sicherung ihres Territoriums erkannt hatten, erfolgte jeweils kurz nach der Zerstörung der Wiederaufbau der Städte, bei dem die Araber, ähnlich wie in Syrien, aber in strengem Gegensatz zu den Gepflogenheiten im Irak, ohne Ausnahme die alten, bewährten Siedlungsplätze beibehielten (Reitemeyer, 1912, S. 69 f.).

Lagekonstanz und Siedlungskontinuität bleiben somit auch in dieser Periode gewahrt. Verändert dagegen wurden Bild und Struktur der Siedlungen, denn der

---

[38] Vgl. hierzu Kirsten (1958, S. 14), der davon spricht, daß vor dem 7. Jahrhundert keine Periode des „Städtesterbens" nachweisbar ist.

[39] Istachri (trad. Mordtmann, 1845, S. 39) und Idrisi (trad. Jaubert, II 1840, S. 133) nennen außerdem noch Mallun bzw. el-Mulawwen (d. h. Mallos); und das antike Aegae vermag als Ayas (Lajazzo) nach Rückeroberung Kilikiens durch die Christen vorübergehend zur führenden Stadt der Ebene aufzusteigen. Während der arabischen Zeit können diese beiden Städte aber nur geringe Bedeutung besessen haben, da sie nicht den ṯuġūr angegliedert waren.

Wiederaufbau war in allen Fällen mit tiefgreifenden Funktions- und Gestalt-
wandlungen und mit einer völligen Umstrukturierung der Stadtbevölkerung
verbunden [40].

Der Funktionswandel von Tarsus, Adana und Mopsuestia erklärt sich einerseits
aus dem allgemeinen Niedergang des Handels und des Verkehrs mit Inneranatolien, andererseits aus der neuen, vorwiegend militärpolitischen Aufgabe, die den
Städten von den arabischen Kalifen übertragen wurde.

Nachdem die Omaiyaden die Städte zunächst nur während ihrer alljährlichen
Einfälle nach dem Hochland mit kleinen Garnisonen belegt hatten, begannen sie
seit Anfang des 8. Jahrhunderts n. Chr. von Malatiya bis Tarsus eine Linie starker Festungen, die sog. t̪uġūr (d. h. „Orte in der Nähe eines feindlichen Landes" —
JĀKŪT, I, 927, 12, zit. n. REITEMEYER, 1912, S. 76) zu errichten. Tarsus, Adana
(Adhanah) und Mopsuestia (Missisa od. al-Massīsah) wurden verwaltungsmäßig
dem zum Schutz Syriens gedachten t̪uġūr-ash-Shām angeschlossen (LE STRANGE,
1905, S. 128).

Unter den Abbassiden wurden die z. T. wenig systematischen Unternehmungen
der Omaiyaden durch eine geplante Grenzpolitik abgelöst, deren erklärtes Ziel
u. a. der Aufbau, die Befestigung und die Bevölkerung der kilikischen Städte
Tarsus, Adana und Missisa war. Ihren Höhepunkt erreichte diese Grenzpolitik
unter den Kalifen Al-Mansūr und Hārūn-al-Raschīd. Letzterer schloß alle Grenz-
städte, die sich wie ein schützender Gürtel um die Grenzen des byzantinischen
Reiches legten und die man deshalb al-'awāsim, die „Schützenden" nannte (BUHL,
Enzyk. Islam, IV 1934, S. 735), in einer eigenen Organisation zusammen.

Die neue Funktion bestimmte Gestalt und Struktur der Städte. Als Grenzfestungen, sog. „Ribāts" (v. WISSMANN, 1961, S. 45; EICKHOFF, 1966, S. 122), besaßen
sie eine doppelte Aufgabe. Sie dienten einerseits zum Schutz des islamischen Ge-
biets vor Einfällen der Byzantiner, andererseits als Ausgangspunkt für den ǧihād,
den heiligen Krieg gegen die Ungläubigen. Bezeichnungen wie „Stätte des heiligen Krieges" u. a. (TABARĪ, Ser. I, Vol. V, 2360/4, zit. n. REITEMEYER, 1912, S. 2)
spiegeln dies anschaulich wider.

Die führende Stellung unter den kilikischen Städten hatte wiederum Tarsus erobert. Obgleich als letztes fertiggestellt (788 n. Chr.), galt es als wichtigste Stadt
unter allen Grenzfestungen (LE STRANGE, 1905, S. 132) und als eines der bedeu-

---

[40] Zum Wiederaufbau der Städte Tarsus und Adana unter den Omaiyaden und Abbassiden vgl. die folgenden Angaben der arabischen Geographen und Historiker:
Nach YĀKŪT (zit. n. ALBUFEDA, trad. REINAUD, II, 1848, 2, 26) geht der Wiederaufbau von Tarsus auf Hārūn-al-Raschīd zurück. „Der Bau der Stadt wurde im Jahre
172 d. H. (788 n. Chr.) vollendet, so daß die Truppen in diesem Jahre in Tarsus
einzogen" (BALĀDHURĪ, 169 170, zit. n. REITEMEYER, 1912, S. 77). AHMAD AL KĀTIB
(zit. n. YAKŪBI, trad. WIET, 1937, S. 231) und BALĀDHURĪ (168, zit. n. REITEMEYER,
1912, S. 77) berichten, Adana sei im Jahre 141 oder 142 d. H. (758—759 n. Chr.) von
Hārūn-al-Raschīd wiederaufgebaut worden.
Zur komplizierten Baugeschichte von Missisa vgl. YAKŪBI (trad. WIET, 1937, S. 10
und S. 229); LE STRANGE (1905, S. 130 f.).

tendsten Zentren der islamischen Welt (RAMAZANOĞLU, 1920, S. 11). Neben seiner exponierten Stellung zur Kilikischen Pforte zeichnete dafür nicht zuletzt sein Hafen verantwortlich. Tarsus war v. a. durch seine Nähe zu den Holzreserven des Taurus unter den Moslems einer der wichtigsten Bauplätze für Kriegsschiffe (EICKHOFF, 1966, S. 35) [41] und konnte seit dem Erstarken des Grenzemirats im 9. und 10. Jahrhundert zum Hauptstützpunkt einer gefürchteten Flotte werden (EICKHOFF, 1966, S. 131).

In Tarsus versammelte sich die arabische Gesamtflotte vor größeren Angriffen gegen Byzanz und mit den auf ihren Werften gebauten Schiffen wurde Thessaloniki erobert (904 n. Chr.), die ägyptische Flotte zerstört (904 n. Chr.) und Cypern verheert (912 n. Chr.). Dies beweist, daß sich die Flußableitung Justinians in arabischer Zeit noch nicht entscheidend auf die Beschaffenheit des Hafens ausgewirkt hatte. Auch die Kreuzfahrer konnten sich der Stadt mit ihren Schiffen bis auf Sichtweite nähern [42] und noch im 12. Jahrhundert berichtete IDRISI (zit. n. RITTER, 19, 1859, S. 198) vom „Meereshafen der Stadt Tarsus", den er Aulasch, d. h. Aulai, nannte. (RAMAZANOĞLU, 1920, S. 12; EICKHOFF, 1966, S. 131 f., 255, 263).

Über die reine Militärfunktion hinaus gelang es Tarsus, ähnlich wie in römischer Zeit, auch andere Funktionen an sich zu ziehen.

Wie oben schon angedeutet, war es seit dem Niedergang der abbassidischen Macht Residenz und Gerichtsort des Grenzemirats Kilikien. (Nach IBN SA'D, VII, 93, 3, zit. n. BUHL, IV 1934, S. 736 gab es in Tarsus muslimische Richter).

Unter den Emiren von Tarsus erwarb sich die Stadt auch eine gewisse kulturelle Funktion, v. a. durch den periodischen Zuzug islamischer Gelehrter und Geistlicher, die in der ansässigen Bevölkerung den Geist der reinen Orthodoxie (CANARD, Encyc. de l'Islam, II 1965, S. 37) aufrecht zu erhalten suchten. Die moslemischen Feste waren weithin berühmt und ABU l-MAHASIN (III, 60, zit. n. CANARD, II 1965, S. 37) berichtete, das Tarsianer Fest der Beschneidung habe zu den „vier Wundern des Islam" gezählt.

Die Bedeutung von Tarsus ist schließlich auch daraus zu ersehen, daß es bei der byzantinischen Reconquista (965 n. Chr.) als letzte unter den kilikischen Städten kapitulierte.

Im Gegensatz zum multifunktionalen Tarsus beschränkten sich die Aufgaben der Städte Adana und Missisa fast ausschließlich auf die militärpolitische Komponente der Ribāt-Funktion.

Beide Städte werden zwar bei den arabischen Geographen häufig als berühmte, gutbevölkerte Grenzfestungen der ṭuġūr genannt (ISTACHRI, trad. MORDTMANN, II 1845, S. 39; YĀKŪT, zit. n. ABULFEDA, trad. REINAUD, II 1848, S. 27), Missisa trug wegen seiner besonders hohen Einwohnerzahl sogar den Beinamen al-Ma-

---

[41] EICKHOFF hat in einer neueren Arbeit (1966) die Bedeutung der arabischen Seepolitik im Mittelmeer gewürdigt und dabei u. a. die These von der angeblichen „Meeresscheu" der Araber widerlegt.

[42] Vgl. z. B. ALBERT VON AACHEN (ed. 1923, Seite 104).

'mūra, d. h. „die Volkreiche" (REITEMEYER, 1912, S. 77). Angaben über kulturelle und administrative Aktivitäten finden sich aber ebensowenig wie Hinweise auf eine nennenswerte Handels- oder Verkehrstätigkeit [43].

Wenig bekannt ist schließlich auch über das Verhältnis der Ribāts zu dem sie umgebenden Agrarraum, obwohl sie v. a. aus ernährungstechnischen Gründen eng mit letzterem verknüpft gewesen sein müssen [44].

Aus den zeitgenössischen Quellen geht jedoch hervor, daß der Anbau nach den Kriegswirren einen allgemeinen Aufschwung genommen hatte. Die Fruchtbarkeit der Ebene und die Güte der Bewässerungsgärten in Stadtnähe werden immer wieder ausdrücklich hervorgehoben (ISTACHRI, trad. MORDTMANN, II 1845, S. 39; IBN HAUQAL, zit. n. ABULFEDA, trad. REINAUD, II 1848, S. 26) und nach RAMAZANOĞLU (1920, S. 14) soll die Çukurova unter den Arabern den Anblick eines blühenden, von Festungen bewachten Gartens gezeigt haben.

2. DIE UMSTRUKTURIERUNG DER BEVÖLKERUNG UNTER DEN ARABERN

Mit der Eroberung Kilikiens durch die Araber war die völlige Umstrukturierung der Stadtbevölkerung verbunden. Sie bedarf v. a. deshalb einer kurzen Charakterisierung, weil sie zu grundlegenden Änderungen im Stadtbild beitrug und in ihren Auswirkungen bis heute sichtbar geblieben ist.

Abgesehen von den wenigen Christen, die nach Entrichtung der ğizya, d. h. der Kopfsteuer der Nichtmohammedaner, weiterhin in den Städten ansässig waren [45], setzte sich die Stadtbevölkerung fast ausschließlich aus Moslems zusammen, die teils auf Veranlassung der Kalifen planmäßig angesiedelt, teils auf freiwilliger Basis zugewandert waren.

Die Ansiedlung auf Veranlassung der arabischen Herrscher erklärt sich aus den Zielen der Grenzpolitik und aus der militärischen Funktion der Ribāts. Gleichzeitig mit dem Wiederaufbau wurden jeweils auch starke Garnisonen eingerichtet und mit Truppen aus allen Teilen der islamischen Welt besetzt. So berichtet z. B. YĀKŪBĪ (zit. n. REITEMEYER, 1912, S. 77), Hārūn-al-Raschīd habe nach Vollendung des Aufbaus von Tarsus eine feste Besatzung von 5000 Soldaten in die Stadt gelegt, bestehend aus „3000 Mann aus Ḫurāsān, 1000 Mann aus Masīsa und 1000 Mann aus Antiochia, welche eine Zulage von 10 Denaren zu ihrem gewöhnlichen Sold erhielten."

Zusätzlich zu diesen regulären Truppenkontingenten wurden ganze Bevölkerungsgruppen und Nomadenstämme nach Kilikien verpflanzt und in den Städten bzw.

---

[43] Auch die Aussagen von IDRISI (zit. n. RITTER, 19, 1858, S. 198) können hier nicht weiterhelfen, da zu seiner Zeit Kilikien wieder im Besitz der Christen war.

[44] Überliefert ist nur, daß die Besatzung der Städte zur Anerkennung ihrer Verdienste im Krieg von den Kalifen mit Landgütern bzw. Landparzellen ausgestattet wurde (vgl. z. B. RAMAZANOĞLU, 1920, S. 8, u. a.).

[45] Ihre Existenz ist — im Gegensatz zur Ansicht RAMAZANOĞLUS (1920, S. 8) — u. a. dadurch gesichert, daß unter Hārūn-al-Raschīd im Jahre 807 als Repressalie gegen die Christen alle Kirchen in den Städten des ṯuġūr niedergerissen wurden (vgl. CANARD, Encyc. del'Islam, II 1965, S. 37).

auf dem Land seßhaft gemacht. Eines der wichtigsten Ergebnisse dieser Militär-kolonisation war die Ansiedlung von Turkstämmen in der Çukurova. Besonders beim Wiederaufbau von Tarsus und Adana sollen türkische Prinzen, z. B. der türkische Bey Ebu Suleym, maßgeblich teilgenommen haben und später auch als Befehlshaber der Städte eingesetzt gewesen sein (RAMAZANOĞLU, 1920, S. 7 ff.; ENER, 1961, S. 114). Der Zuzug weiterer Stämme, v. a. von Oghuzen, bewirkte eine rasche Verstärkung des türkischen Elements, und seit Ende des 8. Jahrhunderts sind türkische Bevölkerungsgruppen ohne Unterbrechung in allen Çukurovastädten nachweisbar.

Das quantitativ größte Kontingent unter den Einwohnern bildeten jedoch weder die regulären Truppen, noch die auf Veranlassung eines Herrschers angesiedelten Stämme. Die umfangreichste Gruppe bestand vielmehr aus freiwilligen Zuwanderern, sog. ğāzīs, die sich v. a. aus zwei Gründen kurzfristig oder dauernd in den treffend als „Haus der Auswanderung" (TABARĪ, Ser. I, Vol. V, 2360/4, zit. n. REITEMEYER, 1912, S. 2) bezeichneten Ribāts niederließen.

Das erste und maßgebliche Motiv war die Hoffnung, durch Teilnahme am ğihād, d. h. am heiligen Krieg, Verdienste für das Jenseits zu erwerben [46], das zweite, ebenfalls nicht unwichtige Motiv war die Aussicht auf Beute, Sold und sonstige Vorteile (LE STRANGE, 1905, S. 132; REITEMEYER, 1912, S. 2 f.; EICKHOFF, 1966, S. 123 f.).

Betrachtet man die Herkunft dieser Zuwanderer, so zeigt sich, daß sie aus allen Teilen der islamischen Welt herbeiströmten. Bei ISTACHRI (trad. MORDTMANN, II 1845, S. 39) ist z. B. zu lesen, es habe in jener Epoche keine große Stadt in Sedschestan, Kirman, Fars, Dschebal, Chuzistan, Irak, Hedschas, Jemen, Syrien und Ägypten gegeben, aus welcher nicht Soldaten zu Tarsus in Besatzung gelegen oder sich dort niedergelassen hätten.

Ähnliche Aussagen finden sich auch über die Städte Adana und Missisa (vgl. z. B. BALĀDHURĪ, 168, zit. n. REITEMEYER, 1912, S. 77; ENER, 1961, S. 93 ff.).

Das Resultat der Bevölkerungspolitik und der freiwilligen Einwanderung läßt sich am deutlichsten am Wachstum der städtischen Einwohnerzahlen veranschaulichen. Missisa soll bei seiner Rückeroberung durch die Byzantiner (965 n. Chr.) rd. 200 000 Einwohner beherbergt haben und in Tarsus umfaßte allein die Kavallerietruppe 100 000 Mann (IBN HAUQAL, ed. DE GOEJE, 1873, S. 391, zit. n. RAMAZANOĞLU, 1920, S. 11).

Selbst wenn diese Zahlen mit Sicherheit zu hoch sind, vermögen sie doch annähernd eine Vorstellung von der damaligen Ausdehnung der Städte zu vermitteln. Berichte von häufigen Erweiterungen des Stadtgebietes durch Angliederung neuer Stadtviertel, wie sie z. B. bei Missisa überliefert sind (LE STRANGE, 1905, S. 130 ff.), zeugen davon, welche Auswirkungen die kontinuierliche Bevölkerungszunahme auf das räumliche Wachstum der Städte ausübte.

---

[46] Nach EICKHOFF (1966, S. 123) galten z. B. die nordafrikanischen Ribāts im Volksmund als „Pforte zum Paradies".

3. Der Gestaltwandel der Städte unter arabischem Einfluss

Der Wiederaufbau der Städte Tarsus, Adana und Missisa (Mopsuestia) darf trotz
Erhaltung der Siedlungslage und Siedlungskontinuität nicht als bloße Restaurie-
rung des ehemaligen Stadtbildes aufgefaßt werden. Mit dem Übergang vom
byzantinisch-christlichen zum orientalisch-islamischen Kulturkreis und mit dem
Wandel der Bevölkerungszusammensetzung erfolgte vielmehr ein entscheidender
Einschnitt in die Gesamtstruktur der Städte, der v. a. in der Einführung neuer
Grundriß- und Aufrißformen zum Ausdruck kam.
Die besonderen Sozialverhältnisse der neuen, vorwiegend islamischen Stadtbevöl-
kerung bewirkten eine völlige Abänderung der bestehenden Grundrißgestalt
(SCHWARZ, 1966, S. 519; STEWIG, 1966, S. 28).
Bis zur arabischen Eroberung hatte in den Städten ausnahmslos das geregelte, auf
hippodamische Vorbilder zurückreichende Grundrißschema dominiert. Unter den
Arabern wurde der Sackgassengrundriß als neues Ordnungsprinzip bewußt ein-
geführt.
Als Gründe für diese Umstellung sind einerseits die Sippen- und Stammesgliede-
rung der nomadischen Neuankömmlinge und deren Wunsch, auch nach der Seß-
haftwerdung in stammesmäßig gebundenen Sippenvierteln zusammenbleiben zu
können, andererseits die Existenz heterogener völkischer und religiöser Gruppen
zu nennen (REITEMEYER, 1912, S. 6 f.; v. WISSMANN, 1961, S. 45; SCHWARZ, 1966,
S. 517 ff.). Beide Gründe machten eine Gliederung der Stadt in Quartiere, sog.
Ḥitat [47] erforderlich, in denen die Angehörigen einer bestimmten Gruppe getrennt
nach Stämmen, Herkunftsgebiet, Religionszugehörigkeit und Rasse leben konnten.
Der gegenseitige Abschluß dieser Quartiere wurde erreicht durch das Sackgassen-
prinzip, d. h. durch den Bau von Sackgassen, die, nach außen häufig durch Tore
abschließbar, ins Innere der einzelnen homogenen Bevölkerungsviertel hinein-
führten (STEWIG, 1966, S. 28).
Wie REITEMEYER (1912, S. 77) unter Berufung auf YĀKŪBĪ zeigen konnte, hat das
Einteilungsprinzip in Ḥitat auch beim Wiederaufbau der Stadt Tarsus Anwen-
dung gefunden. Da es analog hierzu sicher auch in Adana und Missisa eingeführt
wurde, kann man wohl zu Recht folgern, daß der Ursprung des heute noch im
Altstadtgebiet von Tarsus und Adana verbreiteten Sackgassengrundrisses in der
ersten islamischen Periode zu suchen ist.
Die genauere Analyse des heutigen Straßennetzes wird allerdings einen wesentlichen Unterschied zwischen Adana und Tarsus aufzeigen, der vorgreifend hier
nur kurz angedeutet sei [48]. In Adana führte die Umstellung zu einer totalen Be-
seitigung der antiken, planmäßig geregelten Grundrißgestalt. In Tarsus lassen
sich dagegen, vergleichbar etwa mit den Beobachtungen von WATZINGER und
WULZINGER in Damaskus (1921 und 1924) und jenen von WIRTH (1966) in

---

[47] Nach REITEMEYER (1912, S. 6 f.) war die bewußte Einteilung in Ḥitat ein charakte-
     ristisches Merkmal jeder arabischen Stadtgründung, dem größte Bedeutung beigemes-
     sen wurde.
[48] Vgl. hierzu ROTHER (1971).

Aleppo, Elemente der hellenistisch-römischen Periode noch im heutigen Grundriß nachweisen.

Diese Ergebnisse scheinen von weitreichender Bedeutung für die genetische Betrachtung und für die Altersbestimmung des Sackgassengrundrisses türkischer Städte zu sein.

Zum einen können sie als weitere Bestätigung für die v. a. von SCHWARZ (1966) vertretene, sozialgeographische Erklärung des Sackgassenprinzips gelten (vgl. hierzu auch STEWIG, 1966, S. 26 ff.) [49], zum anderen läßt sich an ihnen die genetische und physiognomische Sonderstellung der südlich des Taurus gelegenen türkischen Städte verdeutlichen. Während der Sackgassengrundriß in den meisten Städten Anatoliens erst unter den Seldschuken oder Osmanen, d. h. ab dem 11. bzw. 13. Jahrhundert Eingang fand, entstand er in den kilikischen Städten bereits seit dem 8. nachchristlichen Jahrhundert. Zusammen mit einigen, weiter östlich und südöstlich gelegenen Städten, die ebenfalls zum arabischen ṭuġūr gehört hatten, existieren hier somit die ältesten Spuren dieser islamisch-orientalischen Grundrißform auf türkischem Boden [50].

Die Aufrißgestalt der Städte wurde in erster Linie bestimmt durch ihre Funktion als Ribāts. Nahezu alle arabischen Geographen rühmen bezeichnenderweise die mächtigen, uneinnehmbaren Befestigungswerke, von denen alle drei Städte umgeben waren (vgl. z. B. ISTACHRI, trad. MORDTMANN, II 1845, S. 39; IBN HAUQAL, zit. n. ABULFEDA, trad. REINAUD, II 1848, S. 26, u. a.). Stiftung, Unterhaltung und Verstärkung dieser Anlagen galten bei den Moslems ähnlich wie die Stiftung von Kapellen und Altären in der christlichen Welt als frommes Werk (EICKHOFF, 1966, S. 123). Durch Spenden sorgte man für ihre ständige Erweiterung.

Über das Aussehen der Befestigungen von Adana und Missisa sind leider nur wenige, allgemein gehaltene Aussagen überliefert. So ist einer Nachricht bei ISTACHRI (trad. MORDTMANN, II 1845, S. 39) zu entnehmen, daß Adana von einer Mauer mit acht Toren und einem davorliegenden Graben geschützt wurde, ferner durch eine Festung, die allerdings nicht, wie LE STRANGE (1905, S. 131) meint, auf dem östlichen, sondern auf dem westlichen Ufer gelegen hat und wahrscheinlich auf ein byzantinisches Kastell zurückging (HUART, Enzyk. Islam, I 1913, S. 136).

Missis, von dem es bei den arabischen Geographen (z. B. bei IBN HAUQAL, zit. n. ABULFEDA, trad. REINAUD, II 1848, S. 27) heißt, es habe sich über eine doppelt

---

[49] Ein zwingender Zusammenhang von Sackgassenbildung und Sozialverhältnissen ist zwar neuerdings von STEWIG (1966, S. 44) in Frage gestellt worden, auch er leugnet jedoch nicht die Möglichkeit, daß unter den von SCHWARZ und REITEMEYER geschilderten Verhältnissen im arabischen Raum, zu dem in diesem Fall auch die Çukurova zu rechnen ist, die sozialgeographische Erklärung der Sackgassenentstehung Gültigkeit haben dürfte.

[50] Eine spätere Abwandlung, d. h. ein Rückgriff auf das geregelte Schema ist unwahrscheinlich, da einerseits die heterogene Bevölkerungsstruktur bis zur Gegenwart erhalten blieb, andererseits keine Änderungen des Planes überliefert sind.

so große Fläche erstreckt wie Adana, setzte sich aus drei, jeweils mit eigenen Mauern und Toren bewehrten Stadtteilen zusammen.

Die stärksten Befestigungen muß jedoch entsprechend seiner exponierten Lage und seiner funktionalen Bedeutung Tarsus besessen haben. Aus den literarischen Quellen (ISTACHRI, trad. MORDTMANN, II 1845, S. 39; IBN HAUQAL, zit. n. ABUL-FEDA, trad. REINAUD, II 1848, S. 26; RAMAZANOĞLU, 1920, S. 7 ff.; u. a.) [51] geht hervor, daß die Stadt von einem doppelten Mauerring und einem tiefen Graben gesichert wurde. Die äußere Mauer besaß fünf Tore aus massivem Eisen, denen man je nach der Richtung der von ihnen ausgehenden Straßen so charakteristische Namen wie „Tor des heiligen Krieges", „Damaskustor" und „Meerestor" verliehen hatte. Außerdem gab es das Safsaf- und das Kalemietor.

Die innere, ebenfalls mit fünf Toren versehene Mauer, die die äußere an Höhe noch überragt haben dürfte (vgl. z. B. die Justinianische Landmauer in Istanbul) war bewehrt mit 100 Türmen, von denen 23 mit Kriegsmaschinen und 20 mit Wurfapparaturen für das griechische Feuer ausgerüstet waren. Auf ihren 8000 Zinnen standen ständig je zwei Bogenschützen schußbereit auf Wache [52].

Für die heutige Rekonstruktion der Befestigungsanlage ist von Bedeutung, daß sich die Lage zweier Tore der äußeren Mauer noch exakt lokalisieren läßt. Das Meerestor entspricht dem aus römischer Zeit stammenden Kancık Kapı im SW der Stadt, das Damaskustor ist identisch mit dem erst gegen Ende des 19. Jahrhunderts niedergerissenen Demir Kapı, das unmittelbar neben der Tahtalı Cami stand. Sein Name ist unter der Stadtbevölkerung noch heute im Gebrauch und verweist auf dieses, ehemals mit eisernen Türflügeln ausgestattete Tor (Demir Kapı = Eisentor).

Bedeutsam ist weiterhin, daß der Mauerverlauf, bedingt durch die geringen baulichen Änderungen in späteren Epochen, im heutigen Grundriß auf weite Strecken eindeutig zu fixieren ist. Unbestreitbar ist z. B., daß der ringförmige Straßenzug, der sich vom ehemaligen Demir Kapı nach N und S verfolgen läßt, den Verlauf dieses Befestigungsrings wiedergibt. Allerdings genügen die vorhandenen Spuren nicht, um die Festungsanlage vollständig zu rekonstruieren und damit die exakte Ausdehnung des bebauten Stadtgebietes in arabischer Zeit zu bestimmen. Der einzige Fixpunkt im SW ist das Kancık Kapı (Meerestor). In den dazwischenliegenden Abschnitten ist man weitgehend auf Vermutungen angewiesen.

Ähnlich sind die Verhältnisse in Adana. Auch hier kann man noch im heutigen Grundriß einen ringförmig um die Altstadt führenden Straßenzug auffinden, der exakt die einstige Mauer nachzeichnet. Aber auch hier gelingt es mangels ausreichender Funde nicht, den Ring im W völlig zu schließen.

---

[51] Von besonderem Interesse sind die Ausführungen bei RAMAZANOĞLU (1920, S. 7 ff.), der sich auf eine bisher kaum bekannte Quelle beruft, nämlich auf den zeitgenössischen Bericht des Kadi Osman von Tarsus: Siyer-us-Suoghur", in dem zahlreiche Einzelheiten aus dem Stadtbild von Tarsus wiedergegeben werden.
[52] Vgl. hierzu die Beschreibung ALBERTS VON AACHEN (1923), der von 101 befestigten Türmen spricht.

Für den physiognomischen Gestaltwandel der Städte unter den Arabern waren
diese Befestigungsanlagen allerdings nur z. T. charakteristisch. Abgesehen davon,
daß die Städte schon gegen Ende der frühbyzantinischen Zeit ummauert waren,
handelte es sich auch von der Form her nicht um arabisch-islamische Neuschöpfun-
gen. Die Anlagen kopierten vielmehr weitgehend das byzantinische Muster der
Kastra (KIRSTEN, 1958, S. 17 ff.; EICKHOFF, 1966, S. 124) [53].
Einen neuen Akzent erhielt die Stadtsilhouette v. a. durch die Sakral- und Profanbauten des Islam. Gleichzeitig mit dem Wiederaufbau erfolgte stets auch die
Errichtung einer für das Freitagsgebet bestimmten Hauptmoschee sowie einer
Reihe kleinerer über die Quartiere verteilter Nebenmoscheen für die Ausübung
der täglichen Gebete [54]. Lange Bauberichte und Angaben über die mehrmalige
Erweiterung der Moscheen erlauben wichtige Rückschlüsse auf Wachstum und
Größe der Städte. Jede Stadt durfte ursprünglich nur eine Hauptmoschee besitzen
und nach jedem Bevölkerungsanstieg wurde somit eine bauliche Erweiterung der
Hauptmoschee erforderlich (REITEMEYER, 1912, S. 7).
Hinzu trat in Tarsus als sichtbarer Ausdruck der weltlichen Macht das Emiratsgebäude und eine große Anzahl von sog. Dārs, d. h. karawanseraiähnlicher Gebäude, die aus Spenden und Geldmitteln der Gläubigen unterhalten wurden und
den al-murābitūn als Wohnstätte dienten. Nach IBN HAUQAL (zit. n. LE STRANGE,
1905, S. 132) soll es z. B. keine bedeutende Stadt in der islamischen Welt gegeben
haben, die nicht in Tarsus ein solches Dār für ihre Glaubenskämpfer unterhielt.
Zum Stadtbild zählten weiterhin große Arsenale zur Aufbewahrung von Kriegs-
material [55] und Zisternen zur Trinkwasserversorgung der Bevölkerung.
Ungeklärt ist die Frage, ob in den Ribāts auch größere Bazare anzutreffen waren.
REITEMEYER (1912, S. 7), EICKHOFF (1966, S. 123) u. a. vertreten die Ansicht,
daß jene i. d. R. nicht sofort nach dem Aufbau der Städte eingerichtet wurden
und das erste literarische Zeugnis über ein solches Handelsviertel in Tarsus stammt
von IDRISI (zit. n. RITTER, 19, 1859, S. 198), der im 12. Jahrhundert, also z. Z.
christlicher Herrschaft, in Tarsus zwei aus Stein erbaute Bazare mit lebhaftem
Handelsverkehr beobachtete. Wahrscheinlich ist jedoch, daß in Tarsus ein fester
Bazar zumindest schon seit der Herrschaft der Emire existierte.
Obgleich es anhand der wenigen Baureste und der relativ ungenauen Berichte
überaus schwierig ist, sich ein anschauliches Bild vom Aussehen der Städte, v. a.
aber von der Lage der einzelnen Gebäude zu machen [56], erscheint es dennoch
gerechtfertigt, für Tarsus eine Kontinuität in der Nutzung bestimmter städtischer
Siedlungsplätze und eine Lagekonstanz der wichtigsten städtischen Funktionsvier-

---

[53] Wie CAHEN (1968, S. 160) betont, konnten sich die aus einer neuen Notwendigkeit
heraus geschaffenen Festungen nicht an schon bestehende arabische Modelle anlehnen.

[54] Die Kirchen wurden von den Arabern teils zerstört bzw. in Getreidespeicher umgewandelt, teils blieben sie weiterhin erhalten (vgl. z. B. LE STRANGE, 1905, S. 130).

[55] Manche dieser Arsenale wurden zu gewerblichen Zwecken, z. B. zur Papierfabrikation
genutzt (RAMAZANOĞLU, 1920, S. 12; CAHEN, 1968, S. 166).

[56] Bei Adana ist eine Rekonstruktion des Stadtbildes nicht möglich.

tel aufzuzeigen. Dies gilt v. a. für das Stadtzentrum. Es ist nicht nur überliefert, daß die heutige Ulu Cami auf den Mauerresten einer ehemaligen, von den Kreuzfahrern oder Armeniern erbauten christlichen Kirche steht (ALTAY, 1965, S. 99 ff.), sondern daß jene Kirche wiederum über den Fundamenten einer noch früher zu datierenden Moschee errichtet ist. Die Tatsache aber, daß sich im Ostteil der Ulu Cami die Gräber des Kalifen al-Mamūn und die weiterer berühmter Moslems befinden, läßt den Schluß zu, daß diese erste Moschee identisch ist mit der Hauptmoschee aus arabischer Zeit.

Bedenkt man, daß es zu den Eigentümlichkeiten arabisch-islamischer Städte gehörte, diese Hauptmoschee im Zentrum der Stadt zu erstellen und in ihrer Nähe stets auch das Emiratsgebäude und den Bazar zu errichten, scheint die Vermutung zulässig, daß im heutigen Stadtmittelpunkt auch unter den Arabern die wichtigsten Funktionen lokalisiert waren [57].

Abschließend sei noch ein zweiter Gedanke kurz angesprochen, obwohl er für das heutige Stadtbild nur indirekt von Bedeutung ist.

Die oben erwähnten Bauwerke aus arabischer Zeit wurden bei der christlichen Reconquista und unter den Armeniern zwar weitgehend niedergerissen und überbaut, das von den Arabern eingeführte Prinzip der überwiegend horizontalen Gliederung der Stadtsilhouette blieb aber weiterhin erhalten, erfuhr unter den türkischen Ramazanoğlu eine neue Belebung und ist letztlich bis heute charakteristisch für die physiognomische Sonderstellung der kilikischen Städte innerhalb der Türkei. Während jene des Hochlandes v. a. durch die vertikale Tendenz der osmanischen Bauwerke geprägt sind, konnte sich südlich des Taurus das an syrisch-arabische Vorbilder angelehnte horizontale Bauprinzip bis in die Gegenwart erhalten.

---

[57] Vgl. z. B. CAHEN (1968, S. 169): Seine Ansicht, daß bei Städten mit relativ geringem Wachstum eine Kontinuität der Funktionsviertelstruktur bis zur Gegenwart nachweisbar ist, trifft für Tarsus durchaus zu.

V. Die Stadtentwicklung unter armenischer Herrschaft (12. bis 14. Jh. n. Chr.)

Die Entwicklung des kilikischen Städtewesens nach der christlichen Reconquista war bestimmt durch eine lange Periode der Unsicherheit und Bedrohung, die ganz im Zeichen ständiger Auseinandersetzungen zwischen Seldschuken und Kreuzfahrern, Byzantinern und Armeniern stand.

Eine entscheidende Änderung dieser für die Stadtentwicklung wenig förderlichen Verhältnisse trat erst ein, als es den Armeniern gegen Ende des 12. Jahrhunderts gelang, an der Südküste Anatoliens ein selbständiges Königreich Kleinarmenien zu gründen.

Voraussetzung für diese Reichsgründung war die von Byzanz betriebene Bevölkerungs- und Siedlungspolitik. In Analogie zum Vorgehen der arabischen Kalifen hatte Byzanz seit dem 10. Jahrhundert damit begonnen, Armenier zusammen mit Pečenegen und anderen glaubensverwandten und politisch abhängigen Volksgruppen als Söldner und Militärkolonisten in Kilikien anzusiedeln [58].

Im Anschluß an die Eroberung Armeniens durch die Seldschuken (Schlacht von Mantzikert, 1071) erhöhte sich der Anteil der Armenier an der kilikischen Gesamtbevölkerung durch ständige Zuwanderung so sehr, daß jene das zahlenmäßige Übergewicht über die byzantinische Bevölkerungsgruppe erlangten. Im Jahre 1198 schließlich löste sich der Rubenide Leo II. endgültig von Byzanz, erklärte sich zum Lehensträger des deutschen Reiches und des Papstes und erhielt von letzterem den Königstitel verliehen (vgl. hierzu RUNCIMAN, 1968, S. 865 f.).

Die Gründung des kleinarmenischen Reiches schuf die Grundlage für eine neue kurze Blüte des kilikischen Städtewesens. Während dieser Periode des allgemeinen wirtschaftlichen Aufschwungs kam es allerdings zu wichtigen Bedeutungs- und Funktionswandlungen, die auf die weitere Stadtentwicklung entscheidenden Einfluß ausüben und in ihren Folgen bis heute zu beobachten sein sollten (vgl. Abb. 9).

1. DIE EINBEZIEHUNG DER KILIKISCHEN STÄDTE IN DEN LEVANTEHANDEL

Die Hauptursache für das rasche Aufblühen der Städte unter den kleinarmenischen Herrschern war die Einbeziehung Kilikiens in den Levantehandel, der seit Beginn der Kreuzzüge eine bedeutende Ausweitung erfahren hatte.

Träger dieses Fernhandels waren v. a. die italienischen Stadtrepubliken, allen voran Venedig und Genua, die seit dem 11. Jahrhundert das Handelsmonopol

---

[58] Vgl. WILHELMY (I 1935, S. 88 ff.): Die aufreibenden Kämpfe mit den Bulgaren im W verhinderten die Sicherung der östlichen Peripherie durch eigenstämmige Siedler.

der Byzantiner im Mittelmeer teils durch Verträge abgelöst, teils durch Gewalt gebrochen hatten (WILHELMY, 1936, S. 40; KÜNZLER-BEHNKE, 1960, S. 46).

Italienische Kaufleute waren schon nach dem 1. Kreuzzug, also lange vor Gründung des Königreichs Kleinarmenien, in Kilikien tätig gewesen (ALIŠAN, 1899, S. 320; HEYD, I 1879, S. 406). Ein von Kaiser Alexius I. im Jahre 1082 an Venedig verliehener Chrysobull gewährte z. B. den Kaufleuten jener Stadt die Vergünstigung, überall im griechischen Reich Waren aufzukaufen oder zu verkaufen, ohne daß jene visiert und besteuert werden sollten (HEYD, I 1879, S. 132; KÜNZLER-BEHNKE, 1960, S. 47 f.). Als Städte, für die diese Handelsprivilegien Gültigkeit hatten, nennt die Urkunde u. a. ausdrücklich Adana, Mamistra (Missisa, Mopsuestia) und Tarsus [59]. Die 1150 von IDRISI erwähnten Handelsaktivitäten (s. o.) in Tarsus und Adana gehen wahrscheinlich auf die Anwesenheit venetianischer Kaufleute zurück. Eine systematische, mit der Errichtung eigener Quartiere verbundene Niederlassung erfolgte allerdings erst gegen Anfang des 13. Jahrhunderts (vgl. Abb. 8).

Für das seit jener Zeit ständig zunehmende Interesse der Lateiner an Kilikien lassen sich mehrere Gründe anführen. Die unter Leo II. vollzogene Reichsgründung hatte die dem Handel so abträgliche Unsicherheit des Landes beseitigt und dessen Bedeutung als Ausgangspunkt der Fernhandelsrouten nach Anatolien und Innerasien neu begründet. Zunächst standen die kilikischen Städte aber noch deutlich hinter jenen der syrischen Levanteküste zurück und Kleinarmenien galt wie Cypern nur als „Nebenland" der syrischen Kreuzfahrerstaaten (HEYD, I 1879, S. 410). Erst die Bedrohung der levantinischen Hafenstädte und schließlich deren Eroberung durch die Moslems — als letztes Bollwerk fiel 1291 n. Chr. Accon — brachte den entscheidenden Durchbruch für die Handelsbedeutung der kilikischen Städte.

Die Existenz eines letzten christlichen Reiches an der SO-Küste Kleinasiens mußte sich jetzt besonders günstig auswirken, zumal in einem päpstlichen Handelsverbot der Besuch der islamischen Hafenplätze für Christen verfemt wurde und gleichzeitig der nördliche Landweg durch die christenfreundliche Haltung der mongolischen Īlḫāne neue Geltung erhielt (KRÜGER, 1951, S. 49). Nach HEYD (I 1879, S. 85) war es v. a. das päpstliche Handelsverbot, das in Kleinarmenien die Grundlage für einen blühenden Fernhandel schuf, denn diejenigen Kaufleute, „welche die Verbote der heiligen römischen Kirche scheuen, gehen nach Lajazzo" (SANUTO, Epist. V., S. 297, zit. n. HEYD, I 1879, S. 85) [60].

Eine weitere Begünstigung für die am Levantehandel beteiligten Nationen ergab sich aus der handelsfreundlichen Politik der armenischen Herrscher. Eingedenk

---

[59] Bemerkenswert im Hinblick auf die weitere Darstellung ist, daß der Name von Ayas (Lajazzo) in der Goldbulle des Alexius nicht auftaucht. — Der lateinische Text dieser Urkunde ist überliefert bei TAFEL und THOMAS, I 1856, S. 51—54, 116—123, 182 bis 186.

[60] Aus einzelnen Hinweisen bei MAKRIZI (trad. QUATREMERE, II 1845, S. 166 und 201) geht hervor, daß der Handel mit den Ungläubigen dennoch nicht abriß, denn die Kaufleute aus Kilikien verkehrten weiterhin mit jenen von Alexandria.

ihrer Abhängigkeit vom Schutz europäischer Mächte waren jene bereit, einerseits weitgehendste Privilegien an Ausländer zu verleihen, andererseits die Handelsrechte ihrer eigenen Untertanen auf wenige, relativ unbedeutende Produkte einzuschränken (LANGLOIS, 1861, S. 32).

Schließlich waren es auch die Eigenprodukte Kleinarmeniens, die fremde Händler in die Çukurovastädte lockten. An erster Stelle ist hier die Baumwolle zu nennen, deren Anbau in Kleinasien auf alter Tradition beruhte und unter den im 8. und 9. Jahrhundert eingewanderten Moslems einen neuen Aufschwung genommen hatte. Als Marco Polo 1271 die Çukurova besuchte, fand er einen hochentwickelten Baumwollanbau vor, und noch im 14. Jahrhundert soll Baumwolle in der Umgebung von Adana und Tarsus in großer Menge und ausgezeichneter Qualität angebaut worden sein (HEYD, I 1879, S. 406; SCHMIDT, 1957, S. 3). Nach SCHMIDT (1957, S. 3) importierte Europa in jenen Jahren seine Baumwolle fast ausschließlich aus der kilikischen Ebene.

Als weitere Handelsprodukte galten die armenische Schaf- und Ziegenwolle und die speziell als Ausfuhrartikel von Mamistra bekannten Pelzwaren sowie Metalle und Holz aus dem Taurus und Getreide, Wein und getrocknete Trauben aus der Ebene (LANGLOIS, 1861, S. 32).

2. DIE GRÜNDUNG FREMDVÖLKISCHER HANDELSVIERTEL IN DEN KILIKISCHEN STÄDTEN

Die armenische Handelspolitik, die kommerziellen Vorteile und die natürliche Lagegunst hatten, wie oben schon angedeutet, die Gründung von Handelsniederlassungen zur Folge, die in ihrer Funktion mit jenen der Hanse vergleichbar sind (KÜNZLER-BEHNKE, 1960, S. 46).

Die erste der italienischen Stadtrepubliken, der es gelang, in den kilikischen Städten Fuß zu fassen, war Genua (LANGLOIS, 1861, S. 31; HEYD, I 1879, S. 407). Leo II., der sich den Genuesen nicht zuletzt wegen der Unterstützung seiner Gesandten bei den Verhandlungen mit Kaiser und Papst verpflichtet fühlte, gewährte den Kaufleuten aus Genua im Jahre 1201 Handels-, Zoll- und Abgabefreiheit in seinem Reich. Weiterhin überließ er ihnen in Tarsus, Mamistra und Sis (dem heutigen Kozan) Grund und Boden zur Errichtung eines eigenen Handelsquartiers mit Wohnhäusern, Warenhallen und Gerichtsgebäuden. Für ihre Gottesdienste erhielten die Genuesen in Tarsus und Mamistra bereits bestehende Kirchen zugesprochen. Ihre administrative und rechtliche Unabhängigkeit kam zum Ausdruck in der Einsetzung sog. Vicecomes, die in den einzelnen Quartieren als oberste Verwaltungsbeamte und als Vorsitzende eines quartiereigenen Gerichts fungierten (KÜNZLER-BEHNKE, 1960, S. 52).

1215 konnten die Genuesen durch ein neues Diplom ihre Rechte in Tarsus noch beträchtlich vergrößern. So wurde ihr Grundbesitz um eine ganze Straße erweitert, außerdem gestattete man ihnen den Bau einer eigenen Kirche, eines Back-hauses und eines Bades sowie die Anlage eines Gartens [61].

Weniger ausgedehnt als die genuesischen Privilegien waren zunächst jene der Venetianer (HEYD, I 1879, S. 409 f.). Zwar gestand ihnen Leo II. 1201 ebenfalls ungehinderten Handel und, abgesehen von einigen Ausnahmen, auch Zollfreiheit zu, ein eigenes Quartier mit Kirche, Warenhalle (fondaco) und Areal für ein Gemeindehaus (domus) durften sie aber nur in Mamistra, nicht in den ver-gleichsweise bedeutenderen Städten Tarsus und Sis beanspruchen [62].

Später konnten die Venetianer die Zahl ihrer Handelsniederlassungen in Kilikien noch erhöhen, und seit den letzten Jahrzehnten des 13. Jahrhunderts fanden sich venetianische Quartiere in Lajazzo, Sis, Mamistra, Adana und Tarsus. Mit Aus-nahme von Adana existierten in denselben Städten auch genuesische Viertel.

Neben Venedig und Genua vermochten aber auch andere europäische Städte oder Nationen Freundschafts- und Handelsverträge mit Armenien abzuschließen und Handelskolonien zu gründen. So wird von Kaufleuten aus Pisa und Florenz, aus Fiacenza und Sizilien, ja sogar von Provençalen aus Marseille und Montpellier sowie von Katalanen berichtet, die sich v. a. in Ayas (Lajazzo), d. h. dem anti-ken Aegae niederließen und jenes zu einem mehr europäischen als armenischen Hafen machten (HEYD, I 1879, S. 89 f.; REDAN, 1921, S. 67; ALIŠAN, 1899, S. 320 f.; DULAURIER, Doc. Armén. I, XXXVI).

Außerdem gab es dort auch Händler aus der islamischen Welt, z. B. Mongolen, Syrer und Araber aus dem Irak (HEYD, I 1879, S. 85).

Gemeinsames Merkmal aller, im äußeren und inneren Aufbau weithin überein-stimmenden Niederlassungen war, daß es sich bei ihnen um den Typ des positiv privilegierten Handelsviertels oder, nach KÜNZLER-BEHNKE (1960, S. 45 ff.), um sog. „primäre Viertel" handelte, für deren Entstehung in erster Linie ein recht-liches Moment, hier die Fixierung besonderer Funktionen und Besitztitel einzel-ner Sozialgruppen, verantwortlich zeichnete.

Die Bewohner dieser Viertel, zu deren Hauptaufgaben die Erschließung des arme-nischen und byzantinischen Inlandmarktes und der Ausbau des Indienhandels, später auch die militärische Sicherung der Handelswege zählten (LEHMANN, 1933, S. 4; KÜNZLER-BEHNKE, 1960, S. 48), zeichneten sich durch umfangreiche Privile-gien und Vergünstigungen aus.

---

[61] Der lateinische Text dieses Diploms wird uns von ALIŠAN (1899, S. 320) überliefert: „Dono ... vicum unum in civitate Tarsensi, habendum et possidendum juro perpetuo et libere et quiete, et unam ecclesiam et terram ad faciendum et hedificandum in ea balneum et furnum, et at plantandum in ea jardinum."

[62] Vorenthalten blieb den Venetianern schließlich auch die eigene Gerichtsbarkeit, denn wie HEYD (I 1879, S. 409 f.) zeigen konnte, ist weder in Leos Diplom von 1201 noch in jenem von Hethoum (1245 oder 1246) von einer venetianischen Gerichtsbehörde die Rede. Aus letzterem läßt sich vielmehr entnehmen, daß der Bailo von Accon für Kleinarmenien mitverantwortlich war. Erst 1271 wurde den Venetianern von Leo III. auch in Kilikien ein eigener, mit begrenzter Gerichtsbarkeit ausgestatteter Bailo zu-gestanden.

Die wirtschaftliche Sonderstellung dieser Fremdgruppen äußerte sich z. B. in der völligen Beherrschung des Fernhandels, in der günstigen Lage ihrer Quartiere im Stadtbereich und im anspruchsvollen Lebensstil ihrer Mitglieder. Das soziale Ansehen, das ihnen als unentbehrlichem Glied des städtischen Wirtschaftslebens zugefallen war, begründete ihre gesellschaftliche, die eigene Gerichtsbarkeit und die Selbstadministration ihre rechtliche bzw. politische Sonderstellung.

Mit der islamischen Eroberung und der Vertreibung der handelstragenden Gruppen verschwanden im 14. Jahrhundert diese positiv privilegierten Viertel vorübergehend aus den Städten. Um die Mitte des 19. Jahrhunderts begannen sie sich aber von neuem auszubilden.

3. Bedeutungswandel und Führungswechsel der Städte

Trotz des erneuten Aufblühens des Handels unter den armenischen Herrschern kündigten sich für die Städte der Çukurova in jener Zeit wichtige Bedeutungs- und Funktionswandlungen an, die zuerst nur in einer stärkeren Dezentralisierung der wichtigsten Funktionen in Erscheinung traten, später aber im Verlust der bisherigen Vorrangstellung von Tarsus kulminierten.

Als Ursache für den funktionalen Niedergang von Tarsus lassen sich im wesentlichen zwei Gründe nennen:

1. der Verlust der Hauptstadt- und Residenzfunktion,
2. der Verlust der Verkehrs- und Fernhandelsfunktion.

Zur neuen Hauptstadt und Residenz der armenischen Könige wurde das am N-Rand der Yukarı Ova gelegene Sis auserwählt, das, abseits der großen Einfallstraßen und geschützt von hohen Bergen, eine weit bessere Schutzlage innehatte als das exponierte Tarsus. Daß letzteres wenigstens einen Teil seiner ehemaligen administrativen Funktion bewahren konnte, geht aus der Tatsache hervor, daß die Krönungsfeierlichkeiten einzelner armenischen Könige, so z. B. auch jene Ochins (1308), in Tarsus abgehalten wurden (ALIŠAN, 1899, S. 313) [63].

Entscheidender wirkte sich aus, daß die Stadt neben der Hauptstadt- und Residenzfunktion auch ihre Stellung als führender Hafen- und Handelsplatz der Ebene sowie als Ausgangspunkt zur kilikischen Pforte einbüßte.

Der im 12. Jahrhundert noch regelmäßig frequentierte Hafen von Tarsus [64] wurde seit Beginn des 13. Jahrhunderts nur noch gelegentlich, seit Ende jenes Jahrhunderts überhaupt nicht mehr von Handelsschiffen angelaufen und Marco Polo bezeichnete bereits 1271 Lajazzo (Ayas) als den Haupthafen Kleinarmeniens (DULAURIER, Doc. Armén. I, XLI; OBERHUMMER, 1899, S. 5; SCHEIDL, 1930, S. 50; u. a.).

Die Ursache für diese Entwicklung kann nur eine rapide Verschlechterung der

[63] Die Krönung des Reichsgründers Leo II. fand 1198 allerdings nicht in Tarsus, sondern in Sis, also in der neuen Residenz statt, die zugleich auch Sitz des armenischen Katholikos und damit religiöses Zentrum des Landes war (vgl. z. B. RUNCIMAN, 1968, S. 866). Bei dieser Krönung waren auch der Erzbischof von Tarsus und zahlreiche andere Würdenträger zugegen.

[64] Vgl. z. B. die Aussagen bei IDRISI (trad. JAUBERT, II 1840, S. 134).

natürlichen Hafenverhältnisse gewesen sein. Es ist anzunehmen, daß der durch
Justinian ausgelöste Verlandungsprozeß im 13. Jahrhundert schon so weit fort-
geschritten war, daß der Hafen dem starken Aufleben des Seeverkehrs nicht mehr
genügen konnte, denn sonst hätten die Lateiner wohl kaum Lajazzo zum Haupthafen erwählt und auf die sonstigen Vorzüge verzichtet, die Tarsus auf Grund
seiner Lage am Fuß der kilikischen Pforte besaß [65].

Daß der Hafen von Tarsus jedoch noch nicht gänzlich unbrauchbar geworden
war, läßt sich aus einem 1333 an die Venetianer verliehenen Diplom ablesen
(DULAURIER, Doc. Armén., I, XLII), in welchem, ein Jahr nach der Zerstörung
Lajazzos durch die Mameluken, die Aufhebung der Ausgangs- und Eingangs-
steuern für Pelz- und Lederwaren im „Hafen von Tarsus" verfügt wird (vgl.
auch ALIŠAN, 1899, S. 320).

Der Verlust der Hafenfunktion brachte auch für die Handelsfunktion von Tarsus
schwerwiegende Folgen mit sich. Zwar blieben die zentralen Zollverwaltungs-
behörden weiterhin in Tarsus stationiert und jeder Kaufmann, der einer nicht
mit Privilegien ausgestatteten Nation angehörte, mußte hier seine Waren ver-
steuern (DULAURIER, Doc. Armén., I, XL).

Neues Handelszentrum und führende Stadt der Ebene wurde aber in der Folgezeit Lajazzo. Die anderen Städte behielten nur insofern ihre Handelsbedeutung
bei, als man dort die Eigenprodukte des Landes zu billigeren Preisen erwerben
konnte als in dem neuen Emporium am Meer (HEYD, I 1879, S. 86).

Lajazzo, das ehemalige Aegae, war somit nach längerer Bedeutungslosigkeit zu
neuer, wenn auch kurzer Blüte emporgestiegen [66]. Seine Rolle als Stapelplatz für
Waren aus aller Herren Länder und als Pforte zum Inneren Asiens kam zum
Ausdruck in dem reichen Angebot der zur Schau gestellten und gehandelten Gü-
ter. In armenischen und lateinischen Urkunden sind die auch aus Berichten von
Marco Polo, Abulfeda u. a. bekannten Hauptgegenstände des Handels aufgeführt:
Neben indischen und arabischen Spezereien, syrischem und arabischem Seidenzeug
und Brokat fand man Metalle, Edelsteine, Seifen und Tuche aus dem Westen.
Das Land selbst lieferte Eisen und Schiffbauholz, Pech, Baumwolle und Ziegen-
haar, Vieh, Häute, Pelzwerk und Getreide sowie Weine, getrocknete Trauben
und Sklaven (ABULFEDA, trad. REINAUD, II 1848, S. 27; OBERHUMMER, 1899,
S. 5 f.; LANGLOIS, 1861, S. 32 f.).

---

[65] Vielleicht hat bei der Wahl Lajazzos auch dessen günstigere Lage zu Sis, der neuen
Hauptstadt, mitgespielt.

[66] Die neue Handelsbedeutung von Lajazzo zeigt sich nicht zuletzt in der administrativen Aufwertung der dortigen Handelsquartiere. Als den Venetianern im Diplom
von 1271 ein eigener Bailo zugestanden wurde, ging jener weder nach Sis, Tarsus
oder Mamistra, sondern nach Lajazzo. Nach HEYD (I 1879, S. 86) besaßen die Venetianer dort ein umfangreiches Quartier mit Kirche, einem eigenen Priester und einem
Friedhof, dessen ständige Vergrößerung auf die zunehmende Zahl der venetianischen
Bevölkerung schließen läßt. Neben dem Handel waren die Venetianer auch im Gewerbe tätig, v. a. in der Herstellung der berühmten Kamelotzeuge.
Eine ähnliche Aufwertung erfuhr auch die genuesische Niederlassung, die seit 1279
einen Consul an ihrer Spitze hatte.

Die überragende Handelsbedeutung Lajazzos hatte schließlich eine völlige Umstrukturierung der Fernhandelswege zur Folge, die Tarsus auch seiner Funktion als Ausgangspunkt zur kilikischen Pforte beraubte.

Unter den von Lajazzo ausgehenden Hauptverkehrswegen, die die Verbindung nach allen Teilen Vorderasiens herstellten, berührte nur der unbedeutendste Tarsus (HEYD, I 1879, S. 79 ff.; REDAN, 1921, S. 67) [67]. Die häufig begangene Verbindung nach Inneranatolien mied dagegen Tarsus und führte von Lajazzo über Mamistra und Adana direkt zur Kilikischen Pforte [68]. Damit war schon unter den Armeniern und nicht, wie TAESCHNER (1924, S. 92) vermutet, unter den Moslems die Funktion des Paßfußorts zur Kilikischen Pforte von Tarsus auf Adana übergegangen.

4. PHYSIOGNOMISCHE MERKMALE DER STÄDTE IN ARMENISCHER ZEIT

Über das Aussehen der Çukurovastädte in armenischer Zeit läßt sich auf Grund der spärlichen Quellen und Baureste nur wenig aussagen. Dies gilt sowohl für Lajazzo, das von ABULFEDA (trad. REINAUD, II 1848, S. 27) als große, mit einem guten Hafen und einer Wasserfestung ausgestattete Stadt am Meer charakterisiert wird, als auch für Mamistra, das in dem einzigen Augenzeugenbericht jener Epoche (1211) als „ansehnliche Stadt" beschrieben wird, „sehr angenehm an einem Flusse liegend, mit einer bethürmten Mauer umgeben, welche jedoch durch das Alter sehr gelitten hat" (WILBRAND VON OLDENBURG, ed. LAURENT, 1859, S. 52).

Ähnlich unzureichend sind die Angaben über Adana [69] und Tarsus. Obgleich letzteres in dieser Epoche alle wesentlichen Funktionen eingebüßt hatte, gab es aber dennoch im kleinarmenischen Königreich keine Stadt, die sich an äußerem Glanz mit ihm hätte messen können.

---

[67] Gegen Ende des 13. Jahrhunderts war Lajazzo auch Ausgangspunkt für Reisen nach dem Fernen Osten. 1271 wählten z. B. die Brüder Niccolo und Maffio Polo zusammen mit dem jungen Marco Polo Lajazzo zum Ausgangspunkt ihrer zweiten Reise nach China (HEYD, I 1879, S. 79 f.).

[68] Die übrigen Hauptwege des Fernhandels führten — nach REDAN (1921, S. 67) — über Alexandrette nach Arabien bzw. über Mamistra, Sivas und Erzurum nach Persien und dem Kaukasus.

[69] Vergleicht man für Adana die Aussagen WILBRANDS VON OLDENBURG (ed. LAURENT, 1859, S. 54) mit jenen der Kreuzfahrer (z. B. RAOUL VON CAEN: „Urbs munita turribus, populis capax, armis referta ..." oder WILHELM VON TYRUS: „Urbem qui nomen habet Adana, auro et argento, gregibus et armentis, frumentis, vino et oleo et omni commoditate abundantem ...", zit. n. LANGLOIS, 1861, S. 342) oder mit dem Bericht IDRISIS (trad. JAUBERT, II 1840, S. 133), so scheinen sich die Verhältnisse in dieser Stadt zum Schlechten gewandelt zu haben. ALIŠAN (1899, S. 298) vermutet wohl zu Recht, daß Adana unter den Leoniden zu den zweitrangigen Städten Kleinarmeniens gehörte. So findet sich z. B. der Bischof von Adana weder in den Bischofslisten des 12. noch des 13. Jahrhunderts erwähnt, auch nicht anläßlich der Krönung Leo II. in Sis, wo andererseits der orthodoxe Erzbischof von Tarsus namentlich aufgeführt wird. Erst im 14. Jahrhundert taucht dann anläßlich einer Nationalsynode in Adana neben den Erzbischöfen von Tarsus und Sis auch ein Bischof von Adana auf (ALIŠAN, 1899, S. 299).

Die aus arabischer Zeit erhaltenen Befestigungswerke von Tarsus, die sich zu Beginn des 13. Jahrhunderts in schlechtem Zustand befunden hatten (WILBRAND VON OLDENBURG, ed. LAURENT, 1859, S. 54), ließ Hethoum I. 1228 instandsetzen und erneuern [70].

Leo II. und seine Nachfolger schmückten die reichbevölkerte Stadt mit Kirchen, Palästen und Klöstern aus (LANGLOIS, 1861, S. 316).

Leider sind heute fast alle Bauwerke aus jener Epoche verschwunden oder überbaut, so z. B. die Tarsianer Hauptkirche St. Petrus und St. Sophie, die nach Angaben WILBRANDS (ed. LAURENT, 1859, S. 54) im Zentrum der Stadt, d. h. auf derselben Stelle wie die heutige Ulu Cami gestanden hat (LANGLOIS, 1861, S. 317; ALTAY, 1965, S. 99 ff.; u. a.).

Dasselbe gilt für die von den fremdvölkischen Gruppen errichteten Gebäude. Die Beschreibungen erlauben hier nicht einmal die Lokalisierung der Viertel. Sicher scheint jedoch, daß jene in günstiger Lage zum Stadtzentrum, d. h. in der Nähe des heutigen Bazarviertels zu suchen sind.

Es kann auch nicht ausgeschlossen werden, daß der heutige Bedestan in Adana, vielleicht sogar der Kırk Kaşık in Tarsus, über den Mauern venetianischer oder genuesischer Fondaci errichtet sind. Beide Formen, d. h. der Bedestan (vom arab.-pers. bezz = Leindwand) und Fondaco (arab. = funduq; griech. = pandokeion) sind in Physiognomie und Funktion auf byzantinische Vorbilder zurückzuführen (WILHELMY, 1936, S. 49 f.; CAHEN, 1968, S. 191).

Eine Vorstellung vom Aussehen der armenischen Sakralbauten vermittelt bis heute die Eski Cami in Tarsus (vgl. Foto 3). Diese ehemalige St. Paulus-Kirche [71], die nach der Eroberung durch die Moslems mit geringen Umbauten in eine Moschee umgewandelt und noch zu Langlois' Zeiten treffend als Kilise Cami (d. h. Kirchen-Moschee) bezeichnet wurde (LANGLOIS, 1861, S. 325), kann als typisches Beispiel armenischer Bautechnik und Sakralarchitektur betrachtet werden.

Der aus Hausteinen gefügte, ehemals nur durch eine niedrige schmucklose Tür von W her zugängliche Kirchenraum besitzt den geschlossenen, rechteckigen Langhausgrundriß, wie er für die armenischen Kirchenanlagen charakteristisch war. (BACHMANN, 1911, S. 53 ff.). Über dem flachgeneigten, heute ziegelgedeckten Satteldach erhebt sich der polygonale, von einem steilen Zeltdach bedeckte Tambour, der im Gegensatz zu den kleinen Lichtscharten der Seitenwände einen Kranz relativ großer Rundbogenfenster trägt. Das massige Minaret und der hölzerne Vorbau im N sowie die ebenerdig angebrachten Fenster der Südseite sind später von den Moslems zugebaut worden.

Ähnliches Aussehen zeigen auch eine Reihe anderer Bauwerke in Tarsus und Adana, die heute jedoch soweit umgebaut sind, daß man ihre frühere Bestimmung nur noch erahnen kann.

---

[70] Eine von LANGLOIS (1861, S. 327) aufgefundene Inschrift berichtet von dieser Restaurierung der Befestigungsanlage.

[71] Die Umwandlung von christlichen Sakralbauten in Moscheen läßt sich in den Çukurovastädten mehrfach nachweisen. Als weiteres Beispiel sei nur die Eski Cami in Adana genannt, ehemals eine dem heiligen Jakobus geweihte Kirche.

VI. Schlußbemerkung

Das Ziel der vorliegenden historisch-geographischen Studie war es, die Grundzüge der kilikischen Stadtentwicklung von den Anfängen bis zur Mitte des 14. Jahrhunderts herauszuarbeiten. Dabei sollte weder eine gleichwertige Monographie aller Städte, noch eine chronologische bzw. inhaltliche Vollständigkeit in der Behandlung der einzelnen Stadtentwicklungsphasen angestrebt werden. Im Sinne der kulturmorphogenetischen Betrachtungsweise SCHMIEDERS galt es vielmehr, den Zustand des kilikischen Städtewesens in repräsentativen, für die Gesamtentwicklung entscheidenden Zeitquerschnitten aufzuzeigen und zugleich die Gestaltungsfaktoren und Formelemente aufzudecken, die für die häufigen Bedeutungs- und Funktionswandlungen der Städte verantwortlich waren.

Die Ergebnisse der Untersuchung sind in Abb. 9 nochmals zusammenfassend dargestellt. Die schematische Übersicht macht deutlich, daß die antike und mittelalterliche Stadtentwicklung, ähnlich wie jene nach dem 14. Jahrhundert, durch den mehrfachen Wechsel von Zeiten der Blüte, des Stillstands und des Verfalls bestimmt wurde [72]. Die günstigen orographischen, klimatischen, hydrographischen und edaphischen Entwicklungsbedingungen und die geographischen Lagefaktoren der Çukurova haben das Schicksal der Städte sowohl zum Positiven als auch zum Negativen hin beeinflußt. Besonders am frühzeitigen Abgehen des prähistorischen Mersin, an den zahlreichen partiellen bzw. totalen Siedlungswüstungen und an der zunehmenden Entwertung der funktionalen Stellung von Tarsus läßt sich aufzeigen, welche nachhaltigen Folgen die durch Herrscherwille oder physische Einwirkungen erzwungene Veränderung der natürlichen Gegebenheiten, der Wechsel der macht- und wirtschaftspolitischen Verhältnisse, der Wandel der geographischen Lagebeziehungen, die Umstrukturierung der Verkehrswege und nicht zuletzt die ständige Rivalität um die innerregionale Vorrangstellung für die Gesamtentwicklung mit sich brachten. Ohne im einzelnen näher darauf einzugehen, soll doch erwähnt werden, daß es größtenteils dieselben oder ähnliche Gründe waren, die die Stadtentwicklung nach dem 14. Jahrhundert geprägt haben und die letztlich auch für die heutige, eingangs skizzierte Situation verantwortlich sind [73].

[72] Vgl. hierzu HÜTTEROTH (1969, S. 60), der darauf verweist, daß die Siedlungsentwicklung in Kleinasien nicht im Sinne einer langen Verfallsperiode seit dem Niedergang der römischen Macht in Asien ablief, sondern durch den mehrfachen Wechsel von Zeiten der Blüte und des Niedergangs geprägt wurde.
[73] Zur neueren Entwicklung der Çukurovastädte vgl. ROTHER (1971).

VII. Summary

The historic-geographical work presented here deals with the pre-historical and early historical development of townlife in the district of Çukurova, the blossoming of towns in Cilicia in Ancient Greek and Roman times, the change of function of the towns during the advances of militant Islam during the 8th to the 10th centuries, and the fundamental features of town-development under Armenian rule during the 12th to the 14th centuries. Thus it comprises the most important phases of development of the Cilician Towns from early times up to the end of the Middle Ages.

In this piece of research a great deal of attention has been paid to the geographical, historical and political conditions for development and to the influences, which were responsible for the frequent struggles for regional leadership, for the continual alternation between periods of prosperity, stagnation and decay, and finally also for the special position within Turkey of the towns of Çukurova.

The reasons for all this could be the changes in natural factors brought about by the will of the rulers or by physical circumstances, the fluctuation of the political and economic relationship in the neighbouring areas, the change in dependence on certain localities and the accompanying restructuring of traffic routes and finally the constant municipal jealousies and the rivalries for regional pre-eminence.

Besides going into reasons behind these developments this work will attempt to show the course and the result of the far-reaching changes of form, structure and function which resulted from the interrupted development of the towns and which in certain respects still have after-effects today.

VIII. Literaturverzeichnis [74])

ABOULFEDA,   Géographie d'Aboulfeda. Trad. de l'arabe en français par Reinaud, Bd. II, Paris 1848.

AHRENS, P. G.,   Städtebau in der Türkei und in Persien. In: Theorie und Praxis im Städtebau der Gegenwart, Berlin 1962.

AKOK, M.,   Augusta şehri harabesi. Türk Arkeo. Dergisi VII-2, Ankara 1957.

ALBERT v. AACHEN,   Geschichte des 1. Kreuzzugs. Jena 1923.

AL-YAKŪBI,   Les Pays. Trad. Gaston Wiet. Le Caire 1937 u. Vas.-Grég.-Canard, Bd. II, Brüssel 1950.

ALIŠAN, P. L.,   Sissouan ou l'Arméno-Cilicie. Venise 1899.

ALTAY, M. H.,   Adim-Adim Çukurova. Çukurova Turizm Derneği Yayınları No. 1. Adana 1965. (Mit ausführlichem Literaturverzeichnis.)

AL-ṬABARĪ,   Vasiliev-Grégoire-Canard, Bd. I, Brüssel 1959, S. 278 ff.; Bd. II, Brüssel 1950, S. 4 ff.

AMMIANUS MARCELLINUS, Rerum Gestarum. Aberdeen 1956.

ANONYMI GESTA FRANCORUM. Hrsg. v. H. Hagenmayer, Heidelberg 1890.

APPIAN,   Appian's Roman History (The Syrian Wars; The Mithridatic Wars). Trad. H. White. London 1955.

ARRIAN,   Anabasis Alexandri. Bd. I—IV. Engl. Transl. by E. I. Robson. London 1954—58.

ATLAS OF THE CLASSICAL WORLD. Ed. by A. A. M. von der Heyden. London 1959.

BABINGER, F.,   Art. Mersina. Enzyklop. d. Islam, Bd. III, 1936.

BACHMANN, W.,   Kirchen in Armenien und Kurdistan. Leipzig 1913.

BARTSCH, G.,   Das Gebiet des Erciyes-Dağı und die Stadt Kayseri in Mittelanatolien. In: Jahrb. d. Georg. Ges. Hannover, 1934 u. 1935, S. 87—202.

—   Ankara im Wandel der Zeiten und Kulturen. In: Pet. Mitt., 98. Jhg., Gotha 1954, S. 256—266.

BECK, H. G.,   Kirche und theologische Literatur im Byzantinischen Reich. In: Handb. d. Altertumswissenschaft, München 1959.

BELOCH, J.,   Die Bevölkerung der griechisch-römischen Welt. Leipzig 1886.

BIRMINGHAM, J. M.,   The overland route across Anatolia in the eighth and seventh centuries B. C. In: Anatolien Studies. Journ. of the Brit. Inst. of Archeol. at Ankara, Bd. XI, London 1961, S. 185—195.

BITTEL, K.,   Prähistorische Forschungen in Kleinasien. Istanb. Forschungen, Bd. 6, 1934.

—   Kleinasiatische Studien. Istanb. Mitt. H. 5, 1942.

—   Grundzüge der Vor- und Frühgeschichte Kleinasiens. Tübingen 1950.

---

[74] In vorliegender Aufstellung werden nur die wesentlichsten Beiträge zitiert. Ein sehr viel ausführlicheres Literaturverzeichnis enthält die Arbeit von ROTHER (1971).

BLUMENTHAL, E.,   Die altgriechische Siedlungskolonisation im Mittelmeerraum unter besonderer Berücksichtigung der Südküste Kleinasiens. Tübg. Geogr. Studien, H. 10, 1963.

BOBEK, H.,   Die Hauptstufen der Gesellschafts- und Wirtschaftsentfaltung in geographischer Sicht. In: Die Erde, 90, 1959, S. 259—298.

BÖHLICH, H.,   Die Geisteskultur von Tarsus im augustäischen Zeitalter. Leipzig 1913.

BOSSERT, H. TH.,   Altanatolien. Berlin 1942.

—   Die Ausgrabungen am Karatepe. Türk Tarih Kurumu Yayınl. V. Ser., Nr. 9, 1950.

BRAIDWOOD, R. J.,   Near Eastern Prehistory. In: Science, 197, 1958, S. 1419—1430.

BRENDEL, O.,   Über Entstehung und Funktion der Stadt in den alten Hochkulturen. In: Die Stadt als Lebensform, hrsg. v. O. W. Haseloff, Berlin 1970, S. 20—28.

BROOKS, E. W.,   The Arabs in Asia Minor 641 to 750. Journ. of Hell. Studies, XVIII, 1898.

—   Byzantins and Arabs in the time of the early Abbasids 750 to 813. Engl. Historical Review, XV, 1900 und XVI, 1901.

BUHL, F.,   Art. Tarsus. Enzyklop. d. Islam, Bd. IV, 1934.

CAHEN, C.,   La Syrie du Nord à l'époque des Croisades. Paris 1940.

—   Zur Geschichte der städtischen Gesellschaft im islamischen Orient des Mittelalters. In: Saeculum 9, Freiburg, 1958, S. 59—76.

—   Der Islam I. Fischer Weltgeschichte, Bd. 14, Frankfurt 1968.

CALDER, W. M., u. BEAN, G. E.,   A Classical Map of Asia Minor. M. 1 : 2 000 000. The British Institute of Archaeol. at Ankara, London 1958.

ÇAMBEL, H.,   Die Ausgrabungen am Karatepe. Unveröff. Vortrag. Tübingen 1962.

CANARD, M.,   Art. Cilicie. Encyclop. de l'Islam, N. Ed., T. II, 1965, S. 35 bis 39.

CUINET, V.,   La Turquie d'Asie. Géographie administrative, statistique, descriptive et raisonnée de chaque province de l'Asie Mineure. Paris 1890—95.

DAVIS, E.,   Life in Asiatic Turkey. London 1879.

DIO CHRYSOSTOMUS,   Orationes. Bd. I—V. Übers. v. J. W. Cohoon u. H. Lamar Crosby. London 1949—1956.

DIO CASSIUS,   Dio's Roman History. Bd. I—IX, with an Engl. Transl. of E. Cary. London 1954/55.

EGLI, E.,   Geschichte des Städtebaues. 1. Bd. Die Alte Welt. Zürich 1959. 2. Bd. Das Mittelalter. Zürich, Stuttgart 1962.

EICKHOFF, E.,   Seekrieg und Seepolitik zwischen Islam und Abendland. Das Mittelmeer unter byzantinischer und arabischer Hegemonie (650 bis 1040). Berlin 1966.

ENER, K.,   Tarih boyunca Adana ovasına bir bakış (Geschichte der Ebene von Adana). Istanbul 1961.

ERZEN, A.,   Kilikien bis zum Ende der Perserherrschaft. Diss. Leipzig 1940.

FORBIGER, A.,   Handbuch der alten Geographie. Bd. II. Hamburg 1877.

FORRER, E. O.,	Kilikien zur Zeit des Hatti-Reiches. Klio, XXX, 2, Leipzig 1937, S. 135—186 u. 267—268.
FRANK, T.,	An Economic Survey of Ancient Rome. 4 Bde., New York 1959.
FULCHERI CARNOTENSIS,	Historia Hierosoymitana (1095—1127). Hrsg. v. H. Hagenmeyer. Heidelberg 1913.
GARSTANG, J.,	Prehistoric Mersin. Oxford 1953.
GARSTANG, J. u. GURNEY, O.,	The Geography of the Hittite empire. London 1959.
GERKAN, A. v.,	Griechische Städteanlagen. Berlin, Leipzig 1924.
GJERSTADT, E.,	Cicilian Studies. Rev. Archéolog., 6. Serie. T. III, 1934.
GÖKDOĞAN, M.,	Straßenbau und Verkehrspolitik in der Türkei. Diss. Stuttgart 1938.
GOLDMANN, H.,	Excavations at Gözlü Kule, Tarsus. 3 Bde. New Yersey, 1950 bis 1963.
GÖTZE, A.,	Kleinasien zur Hettiterzeit. Eine geographische Untersuchung. Heidelberg 1924.
GROSSER HISTOR. WELTATLAS,	hrsg. v. Bayr. Schulbuch-Verlag, Teil I, Vorgeschichte und Altertum, 4. Aufl., München 1963.
GROUSSET, R.,	Histoires des Croisades. 3 vol., Paris 1934—1936.
HEBERDEY, R. u. WILHELM, A.,	Reisen in Kilikien. Denkschr. d. K. Akad. d. Wiss. Wien. Phil.-hist. Kl. Bd. XLIV., Wien 1896.
HEIDORN, W.,	Der Einfluß der Landesnatur auf die staatliche Entwicklung von Kleinasien. Diss. Jena 1932.
HEYD, W.,	Geschichte des Levantehandels im Mittelalter. 2 Bde., Stuttgart 1879 und 1880.
—	Die italienischen Handelskolonien im Orient während des Mittelalters. Tübingen 1858—1865.
HIRSCHFELD, G.,	Art. Anchiale. RE I/2, 1894, Sp. 2103.
HOMMEL, F.,	Geographie und politische Geschichte des klassischen Altertums. In: Handb. der klass. Altertumswiss., Bd. III, Nördlingen 1889.
HUART, C.,	Art. Adana. Enzyklop. d. Islam, Bd. I, 1913, S. 136.
HÜTTEROTH, W. D.,	Das Wüstungsproblem im Orient. In: Geogr. Rundschau, 2, 1969, S. 60—64.
IBN HAUQAL,	Ed. de Goeje, Leyden 1873, u. Vas.-Grég.-Canard, Bd. II, Bruxelles 1950.
IDRISI,	Géographie d'Edrisi. Trad. de l'arabe en français par P. A. Jaubert, 2 Bde., Paris 1836 und 1840.
JONES, A. H. M.,	The Cities of the eastern roman Provinces. Oxford 1937 .
ISTACHRI,	Das Buch der Länder. Übers. v. A. D. Mordtmann. Hamburg 1845.
KAISER, K.,	Kilikien, Begegnung mit den Griechen. In: Beck, Anatolien, Stuttgart 1956.
KINDER, H. u. HILGEMANN, W.,	dtv-Atlas zur Weltgeschichte, Bd. I, 2. Aufl. 1965.
KIRSTEN, E.,	Die byzantinische Stadt. In: Ber. z. XI. Intern. Byzantinistenkongreß, München 1958, S. 1—48.
—	Nordafrikanische Städtebilder. Heidelberg 1961.

54

KORNEMANN, E.,   Weltgeschichte des Mittelmeerraumes. München 1967.

KOTSCHY, TH.,   Reise in den cilicischen Taurus über Tarsus. Gotha 1858.

KRÜGER, K.,   Die neue Türkei. Berlin 1963.

KÜNZLER-BEHNKE, R.,   Entstehung und Entwicklung fremdvölkischer Eigenviertel im Stadtorganismus. Frankft. Geogr. Hefte, 33./34. Jhg., 1960.

LANGLOIS, V.,   Voyage dans la Cilicie et dans les montagnes du Taurus. Paris 1861.

LEHMANN, H.,   Die koloniale Struktur der venetianischen Handelsniederlassungen in der Levante. In: Koloniale Rundschau, XXV, 1933, S. 4 bis 15.

LE STRANGE, G.,   The lands of the Eastern Caliphate. London 1905.

LEVICK, B.,   Roman Colonies in Southern Asia Minor. London 1967.

MAIER, F. G.,   Die Verwandlung der Mittelmeerwelt. Fischer Weltgeschichte, Bd. 9, Frankfurt/Main, 1968.

MAKRIZI,   Histoire des Sultans Mamlouks. Trad. Quatremère, II, Paris 1845.

MAYER, R.,   Byzantion-Konstantinopolis-Istanbul. Wien und Leipzig 1943.

MELLAART, J.,   Çatal Hüyük. Bergisch-Gladbach 1967.

MEYER, Ed.,   Ursprung und Anfänge des Christentums. 3 Bde., Stuttgart und Berlin 1921—23.

—   Geschichte des Altertums. 2. Aufl., Stuttgart 1937.

MOSCATI, S.,   Die Kulturen des Alten Orients. München 1962.

NEUMANN, K. J.,   Zur Landeskunde und Geschichte Kilikiens. Jahrb. f. klass. Philologie 127, 1883.

OBERHUMMER, R. u. ZIMMERER, H.,   Durch Syrien und Kleinasien. Berlin 1899.

OSTROGORSKY, G.,   Geschichte des byzantinischen Staates. München 1965.

PASCHINGER, H.,   Landwirtschaftsgeographische Beobachtungen in der Çukurova. In: Festschr. Hundertjahrfeier d. Geogr. Ges. Wien, 1957, S. 332 bis 342.

PHILIPPSON, A.,   Das Mittelmeergebiet, seine geographische und kulturelle Eigenart. Leipzig und Berlin 1914.

—   Das Byzantinische Reich als geographische Erscheinung. Leiden 1939.

PHILOSTRATUS,   The Life of Apollonius of Tyana. Übers. v. F. C. Conybeare. London 1948.

PLINIUS,   Historia Naturalis. Bd. II, III—VII, with an Engl. Transl. by H. Rackham. London 1947.

POLAND, F.,   Geschichte des griechischen Vereinswesens. Leipzig 1909.

PROCOPIUS,   De Aedificiis. Transl. by H. B. Dewing. London 1954.

RAMAZANOĞLU, N.,   La Province d'Adana. Aperçu Historique, Ethnographique et Statistique. Constantinople 1920.

RAMSAY, W. M.,   The historical Geography of Asia Minor. London 1890. (Neudruck, Amsterdam 1962.)

—   Cicilia, Tarsus and the great Taurus Pass. In: Geogr. Journ., XII, 1903, S. 357—413.

—	Cities of St. Paul. London 1907.
RAMUSIO, G. B.,	Delle navigationi et viaggi. 3 Bde., Venetia 1556—1613.
REALLEXIKON FÜR ANTIKE UND CHRISTENTUM, hrsg. v. T. Klausner u. a., Stuttgart 1950 ff.	
RECUEIL DES HISTORIES DES CROISADES, 16 Bde., Paris 1841—1906.	
REDAN, P.,	La Cilicie et le problème ottoman. Paris 1921.
REITEMEYER, E.,	Die Städtegründungen der Araber im Islam nach den arabischen Historikern und Geographen. Diss. München 1912.
RITTER, C.,	Die Erdkunde. Klein-Asien. Bd. 19, Berlin 1859.
ROSTOVTZEFF, M.,	The Social and Economic History of the Roman Empire. London 1926.
—	The Social and Economic History of the Hellenistic World. Oxford 1941.
ROTHER, L.,	Die Städte der Çukurova: Adana — Mersin — Tarsus. Tübinger Geogr. Studien, H. 42, 1971.
RUGE, W.,	Kilikia: RE XI, Sp. 385 ff. Mopsuestia: RE XVI, Sp. 243 ff. Mopsukrene: RE XVI, Sp. 250. Soloi: RE 2. R. III, Sp. 935 ff. Tarsos: RE 2. R. IV, Sp. 2414 ff. Mallos: RE XIV, 1930, Sp. 916—17.
RUNCIMAN, ST.,	Geschichte der Kreuzzüge. München 1968.
SCHAFFER, F.,	Cilicia. Pet. Mitt. Ergzh. 141, 1903 (mit ausf. Verz. d. Reiseliteratur des 19. Jahrhunderts).
SCHMIDT, E.,	Der Baumwollanbau in der Türkei und seine wirtschaftsgeographischen Grundlagen. Diss. München 1957.
SCHNELLER, L.,	Tarsus und Damaskus. Cöln, Palästinahaus 1913.
SCHÖLLER, P.,	Aufgaben und Probleme der Stadtgeographie. In: Erdkunde, Bd. VII, 1953, S. 161—184.
SCHULTZE, V.,	Altchristliche Städte und Landschaften. 3 Bde., Leipzig 1913 bis 1930.
SCHWARZ, G.,	Allgemeine Siedlungsgeographie. 3. Aufl., Berlin 1966.
STEWIG, R.,	Byzanz-Konstantinopel-Istanbul. Kiel 1964.
—	Bemerkungen zur Entstehung des orientalischen Sackgassengrundrisses am Beispiel der Stadt Istanbul. In: Mitt. d. Österr. Geogr. Ges., Bd. 108, H. I, 1966, S. 25—47.
—	Kartographische Beiträge zur Darstellung der Kulturlandschaftsentwicklung in Westanatolien. Istanbul 1968.
STRABO,	The Geography of Strabo, with a translation by H. L. Jones. London 1950.
STRATIL-SAUER, G.,	Die Stadtentwicklung im heutigen Vorderasien. In: Archiv f. Wanderungswesen, VIII, 1936, S. 36—55.
TAESCHNER, F.,	Das anatolische Wegenetz nach osmanischen Quellen. Türk. Bibliothek XXII, Leipzig 1924 u. XXIII, Leipzig 1926.
—	Die Verkehrslage und das Wegenetz Anatoliens im Wandel der Zeiten. In: Pet. Mitt., 72. Jhg., Gotha 1926, S. 202—206.
TAFEL, THOMAS,	Urkunden zur älteren Handels- und Staatsgeschichte der Republik Venedig. I. Teil (814—1205), Wien 1856.
TROLL, C. u. PAFFEN, K. H.,	Karte der Jahreszeitenklimate der Erde. In: Erdkunde 18, 1964, S. 5—28.

56

TÜMERTEKIN, E.,   Türkiyedeki Şehirlerin Fonksiyonel Siniflandirilması. Istanbul Univ. Coğrafya Enstitüsü Yayınları, No. 43, Istanbul 1965.

TURIZM VE TANITMA MERSIN BÖLGE MÜDÜRLÜĞÜ, Cilicia in History. Ankara 1966.

WATZINGER, C. u.   Damaskus. Die antike Stadt. Wiss. Veröffentl. d. dt.-türk. Denk-
WULZINGER, K.,   malschutz-Kommandos, H. 4, Berlin und Leipzig 1921.

WILBRAND VON OLDENBURG, Reise nach Palästina und Kleinasien. Hrsg. v. J. Laurent, Hamburg 1859.

WILHELMY, H.,   Die verkehrsgeographischen Leitlinien der Balkanhalbinsel. In: Geogr. Anzeiger, 33. Jhg., 1932, S. 161—169.

—   Hochbulgarien I: Die ländlichen Siedlungen und die bäuerliche Wirtschaft. Schriften d. Geogr. Inst. d. Univ. Kiel, Bd. IV, 1935.

—   Hochbulgarien II: Sofia. Wandlungen einer Großstadt zwischen Orient und Okzident. Schriften d. Geogr. Inst. d. Univ. Kiel, Bd. V, H. 3, 1936.

WIRTH, E.,   Damaskus — Aleppo — Beirut. In: Die Erde, 96, 1966, S. 96 bis 137 und S. 166—202.

WULZINGER, K. u.   Damaskus. Die islamische Stadt. Wiss. Veröff. d. dt.-türk. Denk-
WATZINGER, C.,   malschutzkommandos, H. 5, Berlin u. Leipzig 1924.

Foto 1
Blick auf den NW-Abhang des Yümük Tepe in Mersin, im Vordergrund das Trockenbett
des Efrenk-Dere.

Foto 2
Die Überreste des römischen Kancık Kapı in Tarsus

58

Foto 3
Die aus armenischer Zeit stammende Eski Cami (Kilise Cami) in Tarsus, die in türkischer
Zeit in eine Moschee umgewandelt wurde.

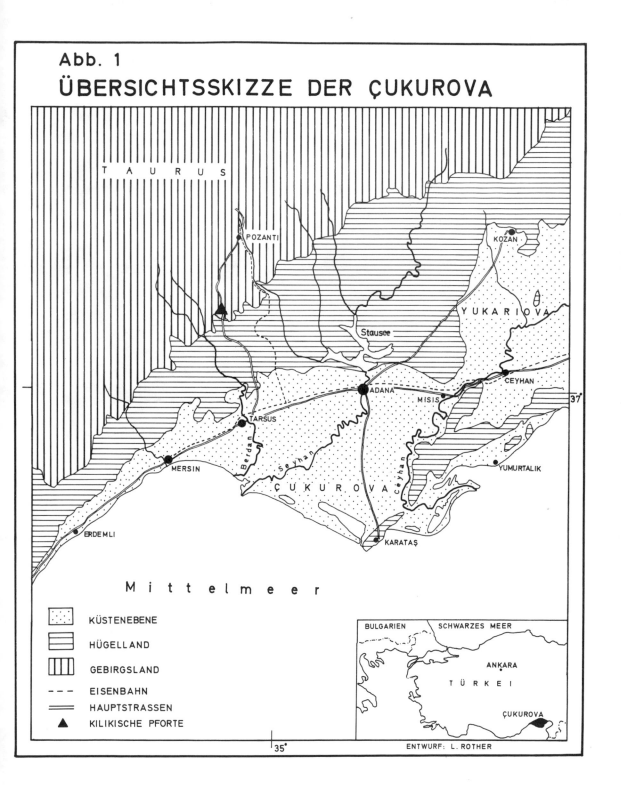

Abb. 1
ÜBERSICHTSSKIZZE DER ÇUKUROVA

T A U R U S

POZANTI

KOZAN

Y U K A R I O V A

Stausee

ADANA
MISIS
CEYHAN

TARSUS

Berdan

Seyhan

Ceyhan

MERSIN

Ç U K U R O V A

YUMURTALIK

ERDEMLI

KARATAŞ

M i t t e l m e e r

KÜSTENEBENE

HÜGELLAND

GEBIRGSLAND

EISENBAHN

HAUPTSTRASSEN

KILIKISCHE PFORTE

BULGARIEN   SCHWARZES MEER

ANKARA

T Ü R K E I

ÇUKUROVA

35°

37°

ENTWURF: L. ROTHER

Abb. 4. LAGESKIZZE VON

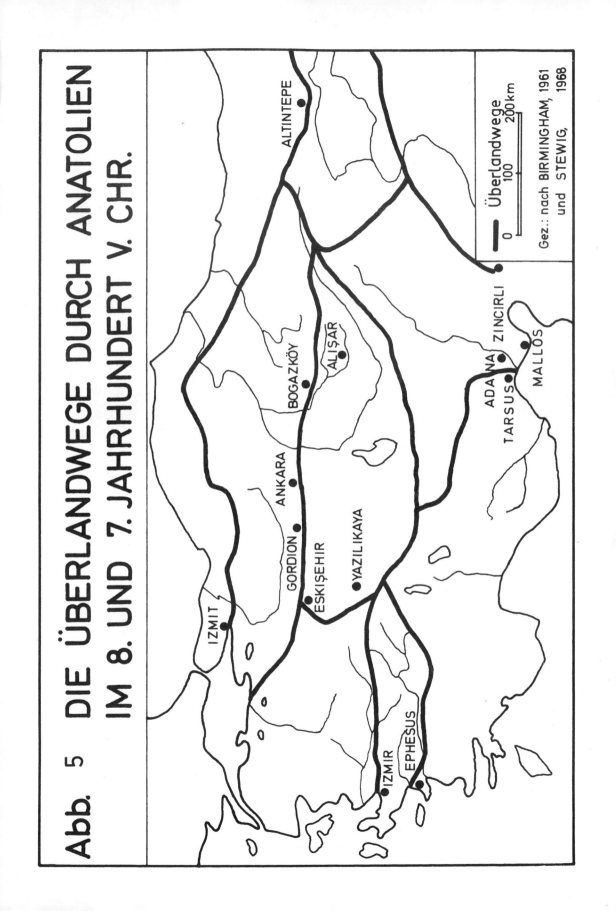

Abb. 5 DIE ÜBERLANDWEGE DURCH ANATOLIEN
IM 8. UND 7. JAHRHUNDERT V. CHR.

ALTINTEPE

BOGAZKÖY

ALIŞAR

ANKARA

GORDION

ESKIŞEHIR

YAZILIKAYA

IZMIT

IZMIR

EPHESUS

ADANA

ZINCIRLI

TARSUS

MALLOS

Überlandwege
0   100   200km

Gez.: nach BIRMINGHAM, 1961
und STEWIG, 1968

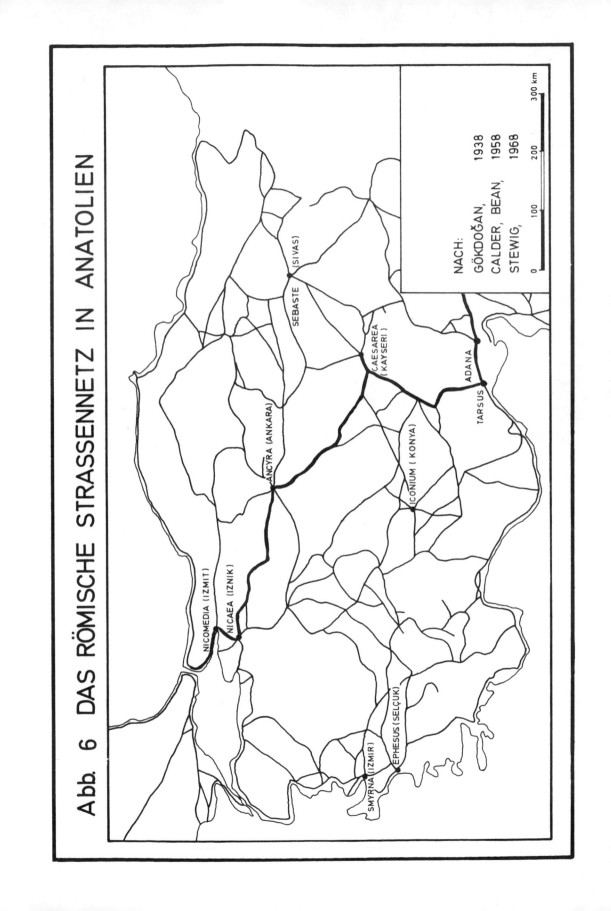

Abb. 6 DAS RÖMISCHE STRASSENNETZ IN ANATOLIEN

NICOMEDIA (IZMIT)
NICAEA (IZNIK)
ANCYRA (ANKARA)
SEBASTE (SIVAS)
CAESAREA (KAYSERI)
CONIUM (KONYA)
TARSUS
ADANA
SMYRNA (IZMIR)
EPHESUS (SELÇUK)

NACH:
GÖKDOĞAN,   1938
CALDER, BEAN,   1958
STEWIG,   1968

0   100   200   300 km

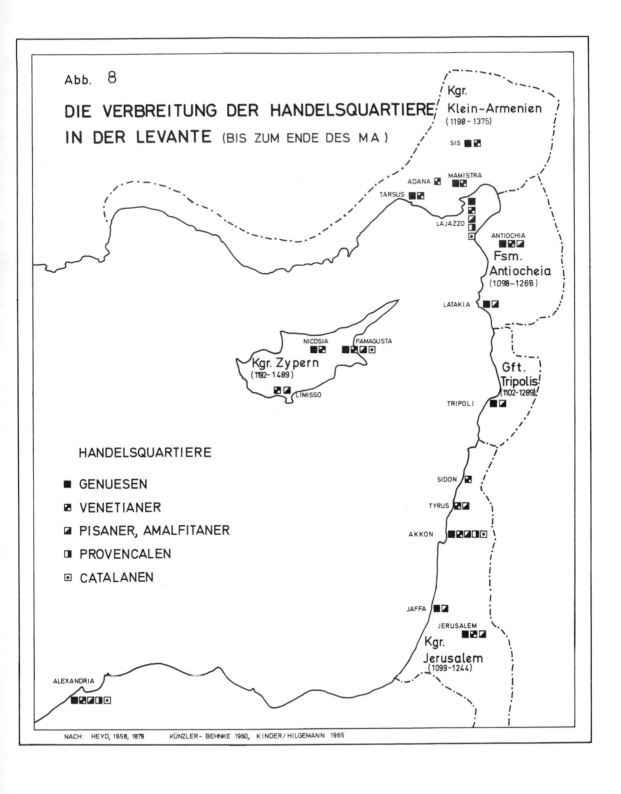

Abb. 8

DIE VERBREITUNG DER HANDELSQUARTIERE
IN DER LEVANTE (BIS ZUM ENDE DES MA)

Kgr.
Klein-Armenien
(1198 - 1375)

SIS

MAMISTRA
ADANA
TARSUS
LAJAZZO
ANTIOCHIA

Fsm.
Antiocheia
(1098 - 1268)

LATAKIA

NICOSIA   FAMAGUSTA

Kgr. Zypern
(1192 - 1489)

LIMISSO

Gft.
Tripolis
(1102 - 1289)

TRIPOLI

HANDELSQUARTIERE

■ GENUESEN

▨ VENETIANER

◩ PISANER, AMALFITANER

◪ PROVENCALEN

⊡ CATALANEN

SIDON

TYRUS

AKKON

JAFFA

JERUSALEM

Kgr.
Jerusalem
(1099 - 1244)

ALEXANDRIA

NACH: HEYD, 1858, 1879   KÜNZLER- BEHNKE 1960, KINDER / HILGEMANN 1965